어린이집/유치원/초등학교/놀이학교 알림장 쉽게쓰기 **PART2**

알림장 사례집 & 공지사항 + 투표 예시 모음집

사례272 & 예시120

알림장
주요 포인트
분석

다양한
알림장
사례

현장에서
유용한
전달 내용

KB214015

안녕하세요. 영유아교육 전문가 조은쌤 박조은입니다.

소통은 관계의 시작이자 발전의 핵심입니다. 어린이집과 유치원에서 교사와 부모 간의 소통은 아이들의 성장을 함께 도모하는 가장 중요한 기초가 됩니다. 매일 혹은 정기적으로 주고 받는 알림장을 통해 아이들의 하루를 부모와 공유하고, 아이의 작은 변화에도 귀를 기울이며 부모와 공감대를 형성하는 과정은 아이의 행복한 하루를 만들어가는 첫걸음입니다.

교사의 세심한 관찰과 진심이 담긴 메시지는 부모에게 신뢰를 주고, 부모의 피드백과 협력은 교사에게 큰 힘이 됩니다. 이런 상호작용은 단순한 정보 전달을 넘어, 아이의 성장과 행복을 위한 공동체를 만들어가는 중요한 역할을 하게 되지요.

아이의 하루 속에서 반짝이는 순간들을 기록하며 부모와 함께 나누는 일은 교사로서의 기쁨이자 사명입니다. 알림장은 단순한 업무가 아닌 아이를 중심으로 한 사랑의 연결고리이며, 이를 통해 아이들은 더욱 안전하고 따뜻한 환경에서 자라날 수 있을 것입니다.

하지만 어느 순간 알림장을 작성하는 시간이 어렵고 고민이 되며 소통을 위한 도구였던 본래의 의미가 퇴색해 버린 듯 할 때가 있습니다. 아이들을 아끼고 사랑하는 마음이 고스란히 전해지는 것으로 충분 할텐데, 매일 같이 작성해야 하는 알림장이 부담이 되고, 무슨 글로 채워야 하나 고민이 되기도 합니다.

현장에서 아이들과 함께 울고 웃으며 고군분투하는 선생님들께 깊은 존경과 응원의 마음을 전하며, 이 책이 조금이나마 도움이 되길 바랍니다.

어린이집과 유치원이라는 공간은 단순히 아이들을 돌보는 곳이 아니라, 아이들의 성장과 발달이 시작되고 미래의 가능성이 싹트는 터전이라고 생각합니다. 그 중심에서 아이들의 작은 손을 잡고, 한 걸음 한 걸음 인내와 사랑으로 이끌어 주시는 선생님, 감사합니다.

아이 하나하나의 감정과 필요를 이해하고, 부모님의 기대와 걱정을 조율하며, 동료들과 협력하는 과정이 때로는 고되고 어려울 수 있겠지요. 그럼에도 불구하고 아이들의 밝은 웃음과 사소한 행동 하나하나에도 보람을 느끼며 오늘도 헌신하는 선생님들, 언제나 여러분의 앞날을 응원하고 축복합니다.

이 책으로 하여금, 선생님들의 업무가 보다 수월해지기를, 알림장이 성숙한 학부모의 참여와 이해를 이끌어 낼 수 있는 도구로서 자리매김하기를 바랍니다. 대한민국의 부모님들이 교육 현장의 어려움과 교사의 역할을 존중하고 신뢰하며, 교사는 오롯이 아이들의 행복한 성장을 도모하는데에만 집중할 수 있는 최선의 교육 환경이 펼쳐지는 날이 오기를 기대합니다.

오늘도 선생님의 헌신과 사랑으로 아이들이 웃을 수 있음을 기억해 주세요.

조은쌤 박조은 드림

* 본 알림장의 예시는 기관과 반 등의 상황을 고려하여 수정하여 사용해 주시기 바랍니다.
* 다양한 상황에 대한 예시를 최대한 담고자 하였습니다. 1년의 운영 과정 중 자주 사용할 만큼 예시 위주로 구성하여 작성한 예시 임을 참고해 주세요.
* 본 책을 구입하고 활용한 후기를 지혜쌤 후기게시판에 남겨주시고, 우측의 QR코드로 접속하셔서 구글폼을 작성해세요. 추가 사례 샘플 50가지를 PDF로 발송해 드리겠습니다. (후기 인증시 : 사진 첨부 필수, 구입 활용 후기 내용 최소 6줄 이상)

현장에서 바로 적용하는 따뜻한 소통의 비법, 원장과 교사를 위한 알림장 가이드

책 소개

어린이집과 유치원의 원장님과 선생님들을 위한 "현장에서 바로 적용하는 따뜻한 소통의 비법, 원장과 교사를 위한 알림장 가이드"는 학부모와의 신뢰를 쌓고 아이들의 성장을 지원하는 데 필수적인 소통 도구인 알림장을 효과적으로 작성하는 방법을 272가지의 알림장 사례와 공지사항, 투표 예시 120가지를 통해 안내합니다. 이 책은 신뢰를 얻을 수 있는 부모-기관간의 소통을 중시하며, AI가 제공하지 못하는 감성적인 소통의 중요성을 강조합니다. 실제 현장에서 검증된 사례와 실용적인 팁을 통해 누구나 쉽게 적용할 수 있는 가이드를 제공합니다.

주요 내용

✓ 다양한 알림장 사례: 일상적인 소식부터 놀이 전달, 행사, 특별한 상황까지 현장에서 있을 수 있는 여러 가지 사례를 다루어 바로 적용할 수 있는 최적화된 알림장 내용을 제공합니다.

✓ 알림장 주요 포인트 분석: 각 알림장의 내용에는 주요 포인트를 함께 다루고 있어, 각 기관과 반의 상황에 적용할 때 참고할 수 있습니다.

✓ 효과적인 소통 사례: 학부모와의 관계를 안정적으로 구축하고 신뢰를 얻는 방법, 소통을 강화하는 방법을 다양한 사례글을 통해 제시합니다.

✓ 시간 절약과 효율성: 바쁜 일상 속에서도 효율적으로 알림장을 작성할 수 있는 노하우를 제공합니다.

책의 장점

- AI가 작성하는 똑같은 글은 NO! 따뜻한 마음을 전하는 소통 방식을 통한 학부모의 신뢰 강화
- 실제 현장에서 바로 활용할 수 있는 실용적인 사례와 함께 후기 이벤트를 통해 더 다양한 사례, 그리고 AI를 활용할 수 있는 프롬프트 예시 등 제공
- 누구나 쉽게 이해하고 따라할 수 있도록 직관적으로 구성된 단계별 가이드
- 알림장 작성뿐만 아니라 공지사항과 투표 등 다양한 소통 도구를 통합적으로 관리와 활용

구매를 권장하는 이유

"현장에서 바로 적용하는 따뜻한 소통의 비법, 원장과 교사를 위한 알림장 가이드"는 단순한 정보 전달을 넘어, 학부모와의 진정한 소통을 가능하게 합니다. 교사로서의 전문성을 신장하고 신뢰를 얻는 구체적인 도움을 받을 수 있습니다. 이 책을 통해 원장님과 선생님들은 더욱 따뜻하고 신뢰 있는 관계를 형성하며, 아이들의 행복한 성장을 지원할 수 있을 것입니다.

지금 바로 이 책을 통해 소통의 기술을 배우고, 현장에서 바로 활용해 보세요!

목차

* 조은쌤 알림장 후기 이벤트 및 추가 PDF 신청 방법 *

기관 차원의
공지사항 예시

기관 차원의 공지사항 예시

01 입학 행사 일정 안내

안녕하십니까? 유치원/어린이집 원장입니다. 새 학기를 맞아 소중한 아이들의 입학을 축하하고, 새로운 출발을 함께 기념하기 위해 입학 행사를 아래와 같이 준비하였습니다. 아이들이 유치원/어린이집 생활에 설렘과 기대감을 느낄 수 있도록 마련된 자리이니, 학부모님의 많은 관심과 참여 부탁드립니다.

[입학 행사 일정 안내]

✓ 행사 개요
   일시: 0000년 00월 00일(0) 오전 00시 ~ 00시
   장소: 대강당에서 행사 후 각 반 교실 이용
   대상: 신입/재원 원아 및 학부모님

✓ 행사 주요 내용
   개회식: 원장님의 환영사
   교직원 소개 및 학부모님께 드리는 인사
   반별 소개: 담임교사와의 만남 및 반 친구 소개
   각 반의 연간 교육 프로그램 및 활동 안내
   Q&A 시간: 학부모님의 질문에 대한 답변 및 소통 시간
   환영 활동:
   신입 원아들과 함께하는 간단한 놀이 활동
   아이들과 부모님이 함께 만드는 입학 기념 작품

✓ 준비물 안내
   - 아이들: 편안하고 활동하기 좋은 복장 착용
   - 학부모님: 알림장에 기재된 입학 서류 및 서명 완료된 동의서 지참
   간단한 개인 물품(수건, 물병 등)은 행사 후 담당 교사에게 제출해 주세요.

✓ 유의 사항
   행사 당일 0시 00분까지 행사장에 도착해 주시기 바랍니다. 주차장이 협소하오니, 가능한 대중교통을 이

용 부탁드립니다. 아이들이 처음 만나는 환경에 편안하게 적응할 수 있도록 따뜻한 격려 부탁드립니다.

입학 행사는 아이들이 유치원/어린이집 생활의 첫 발을 내딛는 중요한 시간입니다. 저희 교직원 모두는 아이들이 새로운 환경에서 즐겁고 안전하게 적응할 수 있도록 최선을 다하겠습니다. 학부모님의 관심과 협조에 깊이 감사드리며, 행사에서 뵙기를 기대하겠습니다. 기타 문의 사항이 있으시면 언제든 연락 주십시오. 감사합니다.

○○유치원/어린이집

02 신학기 적응 프로그램 안내

안녕하십니까? 유치원/어린이집 원장입니다.

새로운 학기를 맞아 저희 어린이집에 함께해 주신 학부모님과 아이들에게 진심으로 감사드리며, 환영의 인사를 전합니다. 새로운 환경과 친구들 속에서 아이들이 즐겁고 안정적으로 적응할 수 있도록 신학기 적응 프로그램을 준비하였습니다. 아이들이 보다 편안하게 유치원/어린이집 생활에 익숙해질 수 있도록 구성된 본 프로그램은 아래와 같은 일정과 내용으로 진행됩니다.

[신학기 적응 프로그램 안내]

✓ 기간: 0000년 0월 0일(월) ~ 0월 00일(금) (0주간)

✓ 대상: 전체 신입 및 재원 원아

✓ 목적:
　새로운 환경에 대한 심리적 안정감 제공
　교사 및 친구들과의 관계 형성
　어린이집의 일과와 규칙에 대한 적응

✓ 프로그램 내용:
　첫 주:
　환경 탐색 활동 (교실 둘러보기, 놀이시설 이용하기)
　교사 및 친구들과의 만남을 위한 그룹 놀이
　부모님과 함께하는 오전 프로그램 (필요 시)
　둘째 주:
　짧은 단위 활동 중심의 점진적 일과 참여
　감정 표현 및 관계 형성 놀이
　간단한 생활 습관 익히기 (정리, 인사, 규칙 이해)

* 학부모님께 협조 요청드립니다.
- 안정적인 일과 참여를 위해 정해진 시간에 맞춰 등원해 주세요.
- 어린이집에서의 경험을 가정에서도 긍정적으로 이야기하며 격려해 주시기 바랍니다.
- 아이의 적응 상황이나 어려움이 있다면 담임교사와 긴밀히 상담해 주세요.

아이들이 건강하고 행복한 신학기 시작을 할 수 있도록 교직원 모두가 최선을 다하겠습니다. 항상 변함없는 신뢰와 협조에 깊이 감사드립니다.

○○유치원/어린이집

03 입학 및 재원 감사 인사 및 새학기 시작 안내

안녕하십니까? 유치원/어린이집 원장입니다.
새 학기를 맞아 저희 어린이집에 믿고 소중한 자녀를 맡겨 주신 학부모님께 진심으로 감사드립니다.
입학한 아이들과 함께 새로운 출발을 하는 신입 원아, 그리고 소중한 추억을 이어가는 재원 원아 모두에게 축하와 응원의 인사를 전하며, 새 학기 운영에 대한 안내를 드리고자 합니다.

[입학 및 재원 감사 인사]
저희 기관은 아이들의 건강하고 행복한 성장을 최우선으로 생각하며, 학부모님과 함께 따뜻한 교육 환경을 만들어가고자 합니다. 새로운 환경에서 설렘과 긴장을 느낄 신입 원아들과, 함께 성장의 길을 걸어온 재원 원아들이 기관의 생활을 즐겁고 안전하게 시작할 수 있도록 최선을 다하겠습니다.

[새 학기 시작 일정 및 안내]
✓ 새 학기 일정
  학기 시작일: 0000년 00월 00일(0)
  등원 시간: 오전 00시 00분 ~ 오전 00시 00분
  하원 시간: 오후 00시 ~ 오후 00시 (연장 보육은 오후 00시 00분까지 가능)
✓ 새 학기 준비 사항
  1) 등원 준비물:
     이름표가 부착된 여벌 옷 2벌
     간단한 개인 위생 용품 (수건, 물티슈 등)
     어린이집에서 제공된 가방 및 필수 물품
  2) 가정에서 준비할 사항:
     아이와 함께 어린이집 생활에 대한 긍정적인 대화를 나누어 주세요.

규칙적인 생활 습관(수면, 식사 등)을 미리 준비해 주시면 어린이집 생활 적응에 도움이 됩니다.

✓ 적응 기간 운영

신입 원아의 경우 첫 2주간은 개별 적응을 위한 활동과 점진적 등·하원 시간을 운영합니다.

재원 원아는 기존 일과에 따라 바로 새 학기를 시작하게 됩니다.

아이들이 어린이집에서 즐겁고 안전하게 생활할 수 있도록 학부모님의 따뜻한 관심과 협조를 부탁드립니다. 새 학기를 시작하며 아이들이 새로운 도전과 경험을 통해 한 단계 더 성장할 수 있도록 어린이집에서도 최선을 다하겠습니다. 다시 한번 저희 기관을 믿고 선택해 주신 학부모님께 깊이 감사드리며, 앞으로도 함께 소통하며 더욱 행복한 환경을 만들어가겠습니다. 감사합니다.

○○유치원/어린이집

 새학기 생활 및 개인 물품 관리 안내

안녕하십니까? 유치원/어린이집 원장입니다.

새 학기를 맞아 소중한 자녀와 함께 저희 기관에서 새로운 출발을 함께하게 되어 진심으로 감사드립니다. 아이들이 즐겁고 편안하게 어린이집 생활을 시작할 수 있도록, 새 학기 생활 안내와 개인 물품 준비에 대한 사항을 아래와 같이 안내드리오니 확인 부탁드립니다.

[새 학기 생활 안내]

✓ 등·하원 시간

등원 시간: 오전 00시 00분 ~ 오전 00시 00분

하원 시간: 오후 00시 ~ 오후 00시 (연장 보육은 오후 00시 00분까지 운영)

- 정해진 시간을 준수해 주시고, 부득이한 사정이 있는 경우 담임교사에게 미리 연락 부탁드립니다.

✓ 일과 및 주요 활동

아이들의 발달 단계에 맞춘 다양한 놀이와 학습 활동이 진행됩니다.

매주 알림장을 통해 주간 교육 주제와 활동 내용을 안내드릴 예정입니다.

✓ 적응 기간 운영

신입 원아: 새 환경에 적응할 수 있도록 첫 0주간은 점진적인 등·하원 시간 조정을 진행합니다.

아이가 적응하는 속도에 따라 담임교사와 상의 후 조율 가능합니다.

[개인 물품 준비 안내]

기본 준비물

- 이름표가 부착된 여벌 옷 2벌 (속옷, 양말 포함)

- 간단한 개인 위생 용품 (수건, 물티슈 등)
- 개인 물병 (이름 기재 필수)
- 기관 제공 가방 및 반별로 안내된 준비물

* 준비 시 유의 사항
모든 개인 물품에는 아이 이름을 기재해 주세요.
기관 내 물품 분실 및 혼동을 방지하기 위한 조치이므로 협조 부탁드립니다.
아이가 스스로 사용할 수 있는 간단하고 안전한 물품으로 준비해 주시면 좋습니다.
가정에서도 기관의 생활에 대해 긍정적인 대화를 나누어 주시면 아이들의 적응에 큰 도움이 됩니다.

개인 물품 준비가 어려운 경우, 담임교사에게 미리 말씀해 주시면 지원 방안을 마련하겠습니다. 아이들의 건강 상태나 특별히 주의해야 할 사항이 있다면 반드시 기관으로 알려주시기 바랍니다. 저희 기관은 아이들이 즐겁고 안전한 환경에서 성장할 수 있도록 학부모님과 함께 최선을 다하겠습니다. 새 학기에 대한 궁금한 사항이나 요청 사항이 있으시면 언제든지 말씀해 주시기 바랍니다.
감사합니다.

○○유치원/어린이집

05 입소시 원아 개인서류 작성 및 구비 서류 제출 관련 안내

안녕하십니까? 유치원/어린이집 원장입니다.
저희 기관에서는 아이들이 안전하고 건강한 환경에서 생활할 수 있도록 입소 절차에 필요한 원아 개인 서류 작성 및 구비 서류 제출을 진행하고 있습니다. 이는 아이들의 생활과 발달을 지원하기 위해 중요한 자료로 활용되니, 학부모님의 협조를 부탁드립니다.

[입소 시 개인 서류 작성 및 구비 서류 제출 안내]
✓ 제출 서류 목록
  - 입소 원서 (기관에서 제공된 양식)
  - 건강진단서: 소아과에서 발급된 건강검진 결과 (최근 3개월 이내)
  - 예방접종 확인서: 예방접종도우미 사이트에서 출력 가능
  - 가족관계증명서: 원아와 보호자의 관계 확인용
  - 비상연락망: 긴급 상황 시 연락 가능한 보호자 및 대리인 정보
  - 기타 서류: 필요 시 개별 안내 예정
✓ 제출 방법 및 기한

- 제출 기한: 0000년 0월 00일(0)까지
- 제출 장소: 사무실 또는 담임교사
- 모든 서류는 정확하게 작성된 후 원본 또는 사본 형태로 제출 부탁드립니다.

✓ 작성 및 제출 시 유의 사항
- 서류 작성 시, 아이의 이름과 생년월일을 정확히 기재해 주십시오.
- 건강진단서 및 예방접종 확인서는 아이의 건강 상태를 점검하고 필요한 경우 신속히 대처하기 위해 중요하오니 누락 없이 준비해 주시기 바랍니다.
- 대리인을 지정하실 경우, 신뢰할 수 있는 분을 선택해 주시고 정확한 연락처를 기재해 주세요.

✓ 학부모님께 드리는 협조 요청
- 서류 준비가 어려우신 경우, 어린이집으로 미리 연락 주시면 추가적인 안내를 드리겠습니다.
- 모든 서류는 아이들의 개인정보를 철저히 보호하며, 외부로 유출되지 않도록 안전하게 관리됩니다.

아이들이 기관 생활에 잘 적응하고, 안전한 환경에서 생활할 수 있도록 구비 서류는 필수적인 자료입니다. 학부모님의 세심한 준비와 협조에 깊이 감사드리며, 저희 교직원 모두는 아이들의 행복한 어린이집 생활을 위해 최선을 다하겠습니다.
감사합니다.

○○유치원/어린이집

06 등하원 시간 및 방법 안내

안녕하십니까? 유치원/어린이집 원장입니다.
새 학기를 맞아 저희 어린이집에 믿고 자녀를 맡겨 주신 학부모님께 진심으로 감사드립니다. 아이들이 안전하고 편안하게 어린이집 생활을 할 수 있도록 등·하원 시간 및 방법에 대한 안내 말씀을 드립니다.

[등·하원 시간 안내]
등원 시간: 오전 00:000 ~ 오전 00:00
하원 시간: 오후 0:00 ~ 오후 0:00 (연장 보육 이용 시 오후 7:30까지 가능)

[등·하원 방법 안내]

✓ 등원 시
어린이집 입구에서 교사에게 인사 후 안전하게 교실까지 동행해 주시기 바랍니다.
아이가 울거나 불안해하는 경우, 교사에게 바로 말씀해 주시면 저희가 아이를 잘 돌보겠습니다.
반드시 정해진 시간에 맞춰 등원해 주시고, 지각 시 미리 연락 부탁드립니다.

✓ 하원 시

　부모님 혹은 등록된 보호자께서 어린이집에 방문하여 아이를 교사에게 인계받아 주십시오.

　부모님 외의 다른 분이 하원을 진행할 경우, 사전에 어린이집으로 꼭 연락 주셔야 합니다.

　연장 보육을 이용하시는 경우, 미리 신청해 주시면 준비된 환경에서 안전하게 보육이 이루어집니다.

✓ 긴급 상황 시 협조 요청

　아이가 갑작스러운 사유로 등원하지 못할 경우, 반드시 어린이집으로 연락 부탁드립니다.

　하원 시간이 늦어질 경우, 교사와의 사전 협의 부탁드립니다.

* 학부모님께 드리는 당부 말씀

아이가 어린이집에서의 일과에 온전히 참여할 수 있도록 규칙적인 등·하원을 부탁드립니다.

등원 시 아이가 착용한 물품(가방, 옷, 신발 등)에 이름표를 부착해 주시면 분실을 예방할 수 있습니다.

교직원과의 소통은 언제나 열려 있으니, 아이의 생활과 관련해 궁금한 점이 있으시면 부담 없이 문의해 주세요.

아이들의 안전과 행복을 최우선으로 생각하며, 부모님과 함께 소통하며 아이들의 성장을 도울 수 있도록 노력하겠습니다. 감사합니다.

○○유치원/어린이집

07 긴급 연락망 및 연락처 업데이트 요청

안녕하십니까? 유치원/어린이집 원장입니다.

아이들의 안전을 최우선으로 생각하는 저희 기관은 긴급 상황 발생 시 신속하고 정확하게 연락드릴 수 있도록 긴급 연락망을 운영하고 있습니다. 이를 위해 학부모님의 최신 연락처 정보를 다시 한번 확인하고 업데이트하고자 합니다.

[긴급 연락망 및 연락처 업데이트 요청 안내]

✓ 업데이트 필요 항목

　보호자(부모님)의 휴대전화 번호

　보호자 이메일 주소 (선택 사항)

　아이의 긴급 상황 시 연락 가능한 추가 보호자(조부모님, 기타 가족 등)의 이름 및 연락처

✓ 업데이트 방법

　첨부된 연락망 업데이트 양식을 작성하여 ○월 ○일까지 담임교사에게 제출해 주십시오.

　작성이 어려운 경우, 어린이집에 직접 방문하시거나 전화(☎ ○○○-○○○○)로 업데이트 내용을 전달해 주셔도 됩니다.

✓ 긴급 연락망 운영 방법

　모든 연락처는 철저히 보안 처리되며, 긴급 상황 또는 필수적인 안내 사항 전달 시에만 사용됩니다. 연락이 가능한 보호자가 없을 경우, 등록된 추가 보호자에게 연락을 드리오니 이 점 양해 부탁드립니다.

* 학부모님께 드리는 당부 말씀

연락처 변경 사항이 발생할 경우, 즉시 어린이집으로 알려 주십시오.

보호자 중 한 분 이상이 항상 연락 가능한 상태를 유지해 주시면 감사하겠습니다.

만약 연락망 업데이트와 관련하여 문의사항이 있으시다면 담임교사나 원으로 언제든 연락 부탁드립니다.

아이들이 더욱 안전하고 즐겁게 어린이집 생활을 할 수 있도록 항상 학부모님과 함께 노력하겠습니다.

항상 따뜻한 관심과 협조에 감사드립니다. 감사합니다.

○○유치원/어린이집

08　건강 상태 확인 및 등원 안내

안녕하십니까? 유치원/어린이집 원장입니다.

　아이들의 건강과 안전을 최우선으로 생각하는 저희 기관에서는 아이들의 건강 상태 확인 및 관리에 대해 다음과 같이 안내드리고자 합니다.

　특히 감염병 예방과 건강한 환경 유지를 위해 학부모님의 적극적인 협조를 부탁드립니다.

[건강 상태 확인 및 등원 안내]

✓ 등원 전 건강 상태 확인

　매일 등원 전에 아이의 체온을 확인해 주시고, 37.5℃ 이상이거나 기침, 콧물, 발진 등의 증상이 있을 경우 가정에서 충분한 휴식을 취할 수 있도록 부탁드립니다.

　감염병 의심 증상이 있는 경우, 증상이 완전히 호전되고 의사의 소견에 따라 등원해 주시기 바랍니다.

✓ 등원 불가 기준

　발열(37.5℃ 이상), 구토, 설사, 심한 기침 또는 호흡기 증상이 있는 경우

　전염성이 있는 감염병(수두, 독감, 장염 등) 진단을 받은 경우 기타 의심 증상이 있을 때는 기관으로 연락 주시면 등원 여부에 대한 상담을 진행하겠습니다.

✓ 등원 시 준비 사항

　아이가 약을 복용해야 할 경우, 반드시 의사 처방전 사본과 투약 요청서를 작성하여 담임교사에게 전달해 주세요. 아이가 최근 건강 이상 증상을 보였던 경우, 교사에게 구체적인 상황을 전달해 주시면 세심히 관찰하겠습니다.

✓ 건강 상태 보고 및 상담
아이의 건강 상태와 관련하여 궁금한 점이나 상담이 필요하시면 언제든 담임교사나 원으로 문의해 주십시오. 기관에서는 매일 체온 측정과 건강 상태를 확인하며, 이상 증상이 발견될 경우 즉시 보호자께 연락드리겠습니다.

* 학부모님께 드리는 당부 말씀
아이들이 건강한 환경에서 생활할 수 있도록 가정에서도 손 씻기, 마스크 착용 등 기본적인 위생 관리에 함께해 주시기 바랍니다. 감염병 확산 방지를 위해 우리 기관과 학부모님이 적극 협력해야 함을 다시 한번 양해 부탁드립니다. 아이들이 건강하고 행복하게 생활할 수 있도록 최선을 다하겠습니다.
항상 협조해 주시는 학부모님들께 진심으로 감사드립니다. 감사합니다.

○○유치원/어린이집

09 코로나19 및 전염병 예방 지침 안내

안녕하십니까? 유치원/어린이집 원장입니다.
아이들의 건강과 안전을 최우선으로 생각하는 저희 기관에서는 코로나19 및 기타 전염병 예방을 위한 지침을 안내드리고자 합니다. 건강한 교육 환경 조성을 위해 학부모님의 적극적인 협조를 부탁드립니다.

[코로나19 및 전염병 예방 지침]

✓ 등원 전 건강 상태 확인
등원 전에 아이의 체온을 측정해 주시고, 37.5℃ 이상 또는 코로나19 관련 증상(기침, 콧물, 두통, 인후통 등) 혹은 기타 전염성이 있는 질병의 증상이 있을 경우 병원에 내원하시어 정확한 진단을 받으시고, 필요 시 가정에서 충분히 휴식하도록 해 주시기 바랍니다. 가족 중 코로나19 확진자 또는 기타 전염병에 감염된 인원이 있는 경우, 기관으로 즉시 알려주시고 등원을 자제해 주십시오.

✓ 기관 내 예방 활동
교실 및 공용 공간은 매일 소독 및 환기를 철저히 진행합니다. 아이들이 자주 접촉하는 장난감, 책 등은 정기적으로 소독합니다. 손 씻기와 마스크 착용 교육을 통해 위생 습관을 강화합니다.

✓ 학부모님 협조 사항
등·하원 시 가급적 마스크 등을 착용해 주시고, 기관 출입 시 손 소독제 사용 및 체온 측정에 협조해 주십시오. 아이가 감염병 확진을 받았거나 의심되는 경우, 즉시 어린이집으로 연락 부탁드립니다.

✓ 등원 제한 및 복귀 기준
코로나19 확진 시: 격리 해제 및 완치 소견 후 복귀 가능
전염병(수두, 독감 등) 확진 시: 증상 호전(전염성이 없다고 판단) 및 완치, 의사 소견에 따라 등원 가능.

アイが...

아이가 증상이 없어도 가족이 자가격리 중인 경우, 자가격리 해제 시까지 등원을 제한합니다.

✓ 어린이집과의 소통
아이의 건강 상태와 관련하여 궁금한 점이나 상담이 필요할 경우, 언제든 담임교사 또는 원으로 연락 부탁드립니다. 기관에서의 전염성이 있는 질병에 감염된 원아, 교직원이 발생한 경우에도 지체없이 안내드리겠습니다.

* 학부모님께 드리는 당부 말씀
가정에서도 손 씻기, 마스크 착용, 기침 예절 등 기본 방역 수칙을 아이와 함께 실천해 주시기 바랍니다.
코로나19 확산 방지를 위해 어린이집과 가정이 함께 협력해 주실 것을 간곡히 부탁드립니다.
저희 교직원 모두는 아이들이 안전하고 건강하게 생활할 수 있도록 최선을 다하겠습니다.
항상 믿고 함께해 주시는 학부모님께 깊이 감사드립니다. 감사합니다.

○○유치원/어린이집

10 알림장 및 소통 방법 안내

안녕하십니까? 유치원/어린이집 원장입니다.
저희 기관에서는 아이들의 일과와 생활 내용을 학부모님께 신속하고 정확하게 전달하고자 알림장 및 다양한 소통 방법을 운영하고 있습니다. 아이들의 성장과 행복을 위해 학부모님과의 원활한 소통을 중요하게 생각하며, 아래와 같이 안내드리니 참고 부탁드립니다.

[알림장 및 소통 방법 안내]
알림장 작성 및 활용 방법

✓ 작성 내용:
매일 반의 하루 일과, 놀이 활동, 식사 및 간식 섭취 상태, 건강 상태 등을 기록하여 학부모님께 전달드립니다. 또한, 알림장에는 중요한 공지사항과 가정 연계 활동 안내도 포함됩니다. 이 내용에는 개별적인 세부 내용은 모두 작성하기 어려운 점 양해 부탁드립니다.

✓ 가정에서의 활용
부모님께서는 알림장 내용을 꼼꼼히 확인하시고, 궁금하거나 전달할 사항이 있으시면 알림장에 작성해 주세요. 교사가 확인 후 답변드리겠습니다. 교사의 근무 시간 내에만 확인이 가능하므로, 이외의 시간에는 기관으로 연락 주시기 바랍니다.

✓ 소통 방법 안내
전화 상담:
원장실 ☎ ○○○-○○○○

담임교사 직접 통화 가능 시간: 오후 2시~4시(일과 중 통화가 어려울 수 있으니 양해 부탁드립니다.)

✓ 가정 통신문

매주 0요일 정기적인 가정 통신문을 통해 기관의 주요 일정과 공지사항을 전달드립니다.

✓ 면담 요청

직접 방문 상담을 원하실 경우, 미리 연락 주시면 시간 예약을 도와드리겠습니다.

* 학부모님께 드리는 당부 말씀

알림장은 매일 확인 부탁드리며, 필요 시 의견을 남겨주세요. 개인 연락이 필요한 경우, 기관 운영 시간 내로 연락 주시면 감사하겠습니다. 전달사항이나 건의 사항이 있으시면 언제든지 담임교사나 원장에게 말씀해 주세요.

아이들이 건강하고 행복하게 자랄 수 있도록 학부모님과 함께 소통하며 최선을 다하겠습니다.

언제나 따뜻한 관심과 성원에 깊이 감사드립니다. 감사합니다.

○○유치원/어린이집

11 급식 및 간식 식단표 안내

안녕하십니까? 유치원/어린이집 원장입니다.

저희 기관에서는 아이들의 건강하고 균형 잡힌 성장을 위해 영양 가득한 급식과 간식을 제공하고 있습니다. 식단은 성장기 아이들에게 필요한 영양소를 고루 섭취할 수 있도록 전문가의 자문을 받아 000기관에서 제공되는 내용으로 운영하며, 계절에 맞는 신선한 재료를 사용합니다.

[급식 및 간식 식단표 안내]

✓ 식단표 제공 방법

매월 초, 식단표는 알림장 및 어린이집 공지 게시판을 통해 전달됩니다.

✓ 식단 구성 원칙

균형 잡힌 영양소 섭취를 위해 쌀, 육류, 생선, 채소, 과일, 유제품 등을 포함한 다양한 메뉴로 구성됩니다.

알레르기 유발 가능 식품은 사전에 표시하며, 해당 아이를 위한 대체 식단을 마련합니다.

신선한 제철 재료를 사용하여 건강하고 맛있는 음식을 제공합니다.

✓ 학부모님 협조 사항

아이가 알레르기나 특이 체질이 있을 경우, 어린이집에 사전 통보 부탁드립니다.

가정에서 섭취가 어려운 음식이 있는 경우, 알림장이나 담임교사와의 상담을 통해 알려주시기 바랍니다.

특별한 식이 요구(종교적, 문화적 이유 등)가 있는 경우, 사전에 말씀해 주시면 최대한 반영하겠습니다.

저희 기관은 위생 관리와 품질 관리를 철저히 하여, 아이들이 안심하고 식사할 수 있도록 최선을 다하고 있습니다. 학부모도 가정에서 식습관 지도와 격려로 아이들의 건강한 성장에 함께해 주시기를 부탁드립니다. 아이들이 건강하고 행복하게 자랄 수 있도록 늘 최선을 다하겠습니다. 감사합니다.

○○유치원/어린이집

12 알레르기 및 특이사항 조사서 작성 요청

안녕하십니까? 유치원/어린이집 원장입니다.

아이들의 건강과 안전을 최우선으로 생각하는 저희 기관은 알레르기 및 건강 특이사항을 체계적으로 관리하여 아이들이 안전한 환경에서 생활할 수 있도록 최선을 다하고 있습니다. 이를 위해 학부모님의 협조를 부탁드리며, 아래 내용을 참고하시어 아이의 알레르기 및 특이사항을 알려 주시기 바랍니다.

[알레르기 및 특이사항 조사서 작성 요청 안내]

✓ 대상 항목
  음식 알레르기: 특정 음식(견과류, 우유, 계란, 해산물 등)에 대한 알레르기 반응 여부
  약물 알레르기: 특정 약물 복용 시 이상 반응 여부
  기타 알레르기: 나무, 먼지, 동물의 털 등 반응 여부

✓ 건강 특이사항
  만성 질환 (천식, 당뇨, 아토피 등)
  특정 활동 시 주의사항 (운동, 야외 활동 등)
  기타 생활 습관 및 건강 관련 유의사항

✓ 제출 방법
  첨부된 알레르기 및 특이사항 조사서를 작성하여 ○월 ○일까지 담임교사에게 제출해 주십시오.
  조사서 작성이 어려운 경우, 어린이집에 직접 방문하시거나 전화(☎ ○○○-○○○○)로 상담해 주시면 안내드리겠습니다.

✓ 관리 및 대응 방안
  조사한 내용은 교사 및 관련 직원들에게 전달되어 아이의 보육 활동 및 급식에 반영됩니다.
  알레르기 발생 가능 상황(급식, 간식 등)에서는 대체 음식을 제공하거나, 필요한 경우 보호자와 협의하여 적절한 대책을 마련하겠습니다. 응급 상황이 발생할 경우, 즉시 보호자에게 연락드리고 필요한 조치를 취하겠습니다.

아이의 건강 상태가 변경되거나 새로운 특이사항이 생길 경우, 기관으로 즉시 연락 부탁드립니다. 필요한

경우, 아이의 상태에 대한 의사의 소견서를 요청드릴 수 있습니다. 저희 기관은 철저한 관리와 세심한 관심으로 아이들이 안전하고 건강하게 생활할 수 있도록 항상 최선을 다하겠습니다.

학부모님의 이해와 협조에 깊이 감사드리며, 아이의 건강과 관련된 궁금한 점은 언제든 말씀해 주시기 바랍니다. 감사합니다.

○○유치원/어린이집

13 월별 생일파티 일정 및 준비물 안내

안녕하십니까? 유치원/어린이집 원장입니다.

저희 기관에서는 아이들의 특별한 날을 축하하며 행복한 추억을 쌓을 수 있도록 월별 생일파티를 진행하고 있습니다. 생일파티는 아이들에게 소중한 추억이 될 뿐만 아니라 친구들과의 유대감을 강화하는 시간으로, 부모님들의 많은 관심과 협조 부탁드립니다.

[월별 생일파티 일정 및 준비물 안내]

✓ 생일파티 일정
  생일파티는 매월 O째 주 O요일에 진행됩니다.
  해당 월에 생일을 맞은 아이들과 친구들이 모두 모여 함께 축하하는 자리입니다.
  생일 원아 부모님께는 알림장을 통해 개별적으로 세부 일정과 관련 안내를 드리겠습니다.

✓ 준비물 안내
  기관에서 준비하는 사항: 생일파티 준비(케이크, 장식, 음악 등)
  학부모님께 요청드리는 준비물:
  - 아이의 생일 현수막 제작용 기념 사진 1~2장 (파티 장식 및 활동 자료로 활용)
  - 생일 원아가 친구들에게 전하는 영상 메시지 (2분 내외)
  생일파티 준비물은 행사 2일 전까지 담임교사에게 전달 부탁드립니다.

✓ 파티 진행 내용
  생일 축하 노래 및 케이크 촛불 끄기
  친구들과의 축하 인사 및 간식 나누기
  기관에서 준비한 작은 선물 증정
  생일 원아가 주인공이 되는 특별한 활동 (왕관 만들기, 축하 그림 그리기 등) - 각 반에서 운영

✓ 학부모님께 드리는 협조 요청
  생일파티 참여 여부와 준비물에 대해 담임교사와 사전에 논의해 주세요.
  간식 또는 선물 준비 시, 알레르기 유발 가능 품목은 반드시 제외해 주시기 바랍니다. 생일 원아와 친구들

이 모두 즐거운 시간이 될 수 있도록 긍정적이고 따뜻한 분위기를 함께 만들어 주시길 부탁드립니다.

아이들이 더욱 빛나는 생일을 맞이할 수 있도록 어린이집에서도 세심히 준비하고 있습니다.

부모님께서도 아이와 함께 생일파티를 기대하며 가정에서 이야기를 나눠 주시면 더욱 행복한 시간이 될 것입니다. 감사합니다.

○○유치원/어린이집

14 소풍 및 야외활동 안내

안녕하십니까? 유치원/어린이집 원장입니다.

아이들과 함께 자연을 느끼고 새로운 경험을 쌓을 수 있는 소풍 및 야외활동을 계획하고 있습니다.

이번 활동은 아이들에게 자연 속에서의 즐거움을 느끼게 하고, 건강한 몸과 마음을 기를 수 있는 소중한 기회가 될 것입니다. 부모님께서는 아래 내용을 참고하시어 아이들이 안전하고 즐거운 시간을 보낼 수 있도록 협조 부탁드립니다.

[소풍 및 야외활동 안내]

✓ 일정 및 장소
  - 일시: 0000년 00월 00일(00)
  - 장소: ○○ 공원 (우천 시 실내 체험 활동 대체)
  - 출발 시간: 오전 00시
  - 귀원 시간: 오후 00시 예정

✓ 활동 내용
  - 자연 탐험: 공원 내 식물 및 동물 관찰
  - 신체 활동: 간단한 체육 놀이 및 협동 게임
  - 피크닉: 친구들과 함께 즐기는 점심 시간
  - 창의 활동: 자연물을 이용한 만들기 체험

✓ 준비물
  - 아이 개인 준비물:
  간편한 옷차림(운동화 착용), 개인 돗자리, 물병, 모자 및 자외선 차단제
  - 도시락 및 간식:
  간단하고 먹기 편한 도시락을 준비해 주세요. 알레르기 유발 가능 음식은 제외 부탁드립니다.

✓ 주의사항
  - 소풍 당일 아이의 건강 상태를 확인해 주시고, 발열 등 이상 증상이 있을 경우 기관에 알려주시기 바

랍니다.

- 등·하원 시간을 준수해 주시고, 지각 시 사전에 연락 부탁드립니다.
- 활동 중 아이가 필요로 할 만큼 특별 사항이 있다면 사전에 담임교사에게 알려주세요.
- 아이의 모든 물품에는 반드시 이름을 기입해 주세요.

이번 활동을 통해 아이들이 자연 속에서 건강한 에너지를 느끼고, 친구들과 협력하며 소중한 추억을 쌓을 수 있기를 바랍니다. 저희 교직원 모두는 아이들이 안전하고 행복한 시간을 보낼 수 있도록 최선을 다하겠습니다. 감사합니다.

○○유치원/어린이집

15 계절별 옷차림 및 준비물 안내

안녕하십니까? 유치원/어린이집 원장입니다.

아이들이 건강하고 쾌적하게 어린이집 생활을 할 수 있도록 계절에 맞는 옷차림과 준비물을 안내드립니다. 날씨 변화에 따라 적절한 준비를 도와주시면 아이들의 편안함과 건강을 유지하는 데 큰 도움이 됩니다.

[계절별 옷차림 및 준비물 안내]

1. 봄 (3월 ~ 5월)

   옷차림: 가벼운 겉옷 (바람막이, 가디건 등), 긴팔 상의, 얇은 긴바지, 모자 (햇빛 차단 및 바람막이용)

   준비물: 개인 물병, 손수건 1~2개, 여벌옷, 기타 개인 물품(담임 교사 요청시)

2. 여름 (6월 ~ 8월)

   옷차림: 통기성이 좋은 반팔 상의와 반바지, 모자 (햇빛 차단용), 여름용 샌들 또는 운동화

   준비물: 자외선 차단제, 개인 물병, 모기 기피제, 팔찌, 얇은 수건 (땀 닦기용), 여벌 옷 2벌 (땀이나 물놀이 대비), 기타 개인 물품(담임 교사 요청시)

3. 가을 (9월 ~ 11월)

   옷차림: 가벼운 재킷이나 점퍼, 긴팔 상의, 긴바지, 양말과 운동화

   준비물: 개인 물병, 모기 기피제, 팔찌, 모자, 여벌옷, 기타 개인 물품(담임 교사 요청시)

4. 겨울 (12월 ~ 2월)

   옷차림: 두꺼운 외투 (패딩, 코트 등), 내의 착용, 실내에서 생활이 편안한 의류, 털모자, 목도리, 장갑, 방한 신발 등

   준비물: 개인 물병, 여벌 옷 1벌 (외투 포함), 방한 용품, 여벌옷, 기타 개인 물품(담임 교사 요청시) 등

✓ 학부모님께 드리는 협조 요청

기관에 보내주시는 여벌옷과 준비물에 아이의 이름을 기재해 주시기 바랍니다.

날씨 변화가 심한 시기에는 알림장이나 공지사항을 확인하시고, 교사의 요청에 따라 준비물을 챙겨 주시기 바랍니다. 여벌 옷은 아이가 스스로 입기 편한 옷으로 준비 부탁드립니다. 저희 기관은 날씨와 환경에 따라 아이들이 안전하고 쾌적한 생활을 할 수 있도록 세심히 관리하겠습니다. 학부모님의 협조에 깊이 감사드리며, 아이들의 건강한 성장을 위해 함께 노력하겠습니다.

감사합니다.

○○유치원/어린이집

16 대체휴일 및 여름과 겨울 가정학습기간 일정 안내

안녕하십니까? 유치원/어린이집 원장입니다.

항상 저희 어린이집에 많은 관심과 애정을 보내주시는 학부모님께 진심으로 감사드립니다.

다가오는 대체휴일과 가정학습기간 기간에 대해 아래와 같이 안내드리오니, 가정에서의 계획에 참고 부탁드립니다.

[대체휴일 및 가정학습기간 일정 안내]

✓ 대체휴일 안내

대체휴일: 0000년 0월 0일(월) (000기념일 대체휴일)

어린이집 운영 여부:

당일은 어린이집 휴원일로 지정되어 운영하지 않습니다.

긴급보육이 필요한 경우, ○월 ○일까지 담임교사에게 신청해 주시면 별도 운영을 검토하겠습니다.

✓ 여름 가정학습기간 안내

가정학습기간 기간: 0000년 0월 0일(0) ~ 0월 0일(0) (00일간)

가정학습기간 중 긴급보육:

가정학습기간 중 긴급보육이 필요한 가정은 가정학습기간 시작 2주 전까지 신청해 주시기 바랍니다.

✓ 겨울 가정학습기간 안내

가정학습기간 기간: 0000년 00월 00일(0) ~ 0000년 00월 00일(0)

개학일: 2000년 0월 0일(0)

* 겨울 가정학습기간 중 긴급보육:

겨울 가정학습기간 동안에 긴급보육이 필요한 경우, 가정학습기간 시작 2주 전까지 담임교사에게 말씀해 주시면 지원을 마련하겠습니다.

가정학습기간 기간 동안 아이들의 건강과 안전을 위해 가정에서도 철저한 관리와 지도 부탁드립니다.

긴급보육 신청은 원활한 운영을 위해 정해진 기한 내에 요청 부탁드립니다.

휴일과 가정학습기간 중의 가정 놀이 및 교육 자료가 필요하시면 기관으로 문의 주시면 안내드리겠습니다.

저희 기관은 대체 휴일과 가정학습기간 기간 이후에도 아이들이 즐겁고 안전하게 기관 생활에 적응할 수 있도록 최선을 다해 준비하겠습니다. 항상 협조와 성원을 보내주시는 학부모님께 감사드리며, 건강하고 행복한 시간 보내시길 바랍니다. 감사합니다.

○○유치원/어린이집

17 발표회 안내

안녕하십니까? 유치원/어린이집 원장입니다.

저희 기관에서는 아이들이 그동안 배운 것들을 자랑하고, 스스로 성취감을 느낄 수 있는 발표회를 준비하고 있습니다. 이번 발표회는 아이들의 성장과 노력을 함께 축하하고, 학부모님과 소중한 추억을 나누는 뜻깊은 시간이 될 것입니다. 아래 내용을 참고하시어 많은 관심과 참여 부탁드립니다.

[발표회 안내]

✓ 일정 및 장소

　일시: 0000년 0월 00일(0) 오후 0시

　장소: ○○ 유치원/어린이집 대강당

　소요 시간: 약 0시간 00분

✓ 발표 내용(예시)

　1) 각 반별 준비된 주제별 발표 및 공연

　　- 0세반: "동물 친구와 함께 춤춰요"

　　- 1세반: "우리의 작은 손 이야기"

　　- 2세반: "나는 멋진 탐험가"

　　- 3세반: "계절의 노래"

　　- 4세반: "함께라서 행복해요"

　　- 5세반: "우리들이 만드는 세상"

　2) 아이들과 함께하는 부모 참여 프로그램

　3) 발표회 종료 후 사진 촬영 및 간단한 다과

✓ 학부모님께 드리는 요청 사항

아이들이 발표를 준비하는 동안 가정에서도 많은 격려와 응원을 부탁드립니다. 발표회 당일, 아이들이 정해진 시간에 어린이집에 도착할 수 있도록 협조 부탁드립니다. 행사 중 사진과 영상을 촬영하실 수 있으나, 다른 아이들의 초상권 보호를 위해 개인적 사용에 주의해 주시기 바랍니다.

발표회 준비와 관련해 필요한 자료나 의상은 담임교사가 개별 안내드릴 예정이니 참고해 주세요.

준비와 관련하여 궁금하신 점이나 도움이 필요하시면 담임교사나 원으로 언제든지 연락 주십시오.

이번 발표회는 아이들이 새로운 경험을 통해 자신감을 키우고, 친구들과 협력하는 과정을 배울 수 있는 소중한 기회입니다. 부모님께서도 자녀의 성장을 지켜보며 따뜻한 격려와 응원을 보내주시길 부탁드립니다. 저희 교직원 모두 아이들이 무대에서 빛나는 주인공이 될 수 있도록 최선을 다하겠습니다.

발표회에서 학부모님과 만날 날을 기대하며, 많은 관심과 참여를 부탁드립니다. 감사합니다.

○○유치원/어린이집

18 부모 참여 수업 및 행사 안내

안녕하십니까? 유치원/어린이집 원장입니다.

아이들의 성장과 배움의 과정을 학부모님과 함께 나누고, 소중한 시간을 보낼 수 있는 부모 참여 수업 및 행사를 준비하였습니다. 이번 행사는 부모님이 직접 참여하셔서 자녀와 함께 활동하며, 어린이집 생활을 더욱 깊이 이해하실 수 있는 기회가 될 것입니다. 많은 관심과 참여 부탁드립니다.

[부모 참여 수업 및 행사 안내]

✓ 행사 개요

일시: 0000년 00월 00일(토) 00시 ~ 오후 00시

장소: ○○어린이집 각 반 교실 및 야외 공간

대상: 모든 학부모님과 원아

✓ 주요 프로그램

- 부모 참여 수업

1) 각 반별 특성에 맞춘 놀이 및 체험 활동

2) 부모-자녀 협동 활동

함께 만드는 작품 활동 (가족 사진 액자, 손도장 그림 등)

3) 팀별 협동 놀이 및 간단한 체육 활동

✓ 행사 마무리
아이들의 활동 발표 및 단체 사진 촬영

✓ 준비물 안내
편안한 복장과 운동화 착용, 각 가정별로 준비할 물품은 알림장을 통해 개별 안내드리겠습니다.

✓ 참여 방법
행사 참여 여부는 ○월 ○일까지 참여조사서에 기입해 제출해 주세요. 한 명 이상의 보호자께서 참석해 주시면 감사하겠습니다.

✓ 유의 사항
아이들과 함께 즐거운 시간을 보내는 데 초점을 맞춰 주시고, 다른 아이들과의 조화로운 활동에 협조 부탁드립니다. 행사 중 촬영한 사진은 개인적인 사용으로만 활용해 주시기 바랍니다.

이번 행사는 부모님과 아이들이 함께 교감하고, 어린이집 생활에 대해 이해를 높일 수 있는 귀중한 기회가 될 것입니다. 저희 교직원 모두는 아이들이 즐겁고 행복한 시간을 보낼 수 있도록 세심히 준비하겠습니다. 부모님들의 많은 관심과 적극적인 참여를 부탁드리며, 함께 만들어갈 뜻깊은 시간 기대하겠습니다. 감사합니다.

○○유치원/어린이집

19 놀이 재료 및 교구 준비물 안내

안녕하십니까? 유치원/어린이집 원장입니다.
저희 기관에서는 아이들의 창의력과 흥미를 이끌어낼 수 있는 다양한 놀이와 활동을 진행하고 있습니다. 활동을 더욱 풍성하게 하고 아이들의 경험을 확장하기 위해 가정에서 준비해 주실 놀이 재료와 교구 준비물을 안내드리니, 협조 부탁드립니다.

[놀이 재료 및 교구 준비물 안내]
준비물 안내

✓ 준비 기간: 0000년 0월 0일(0) ~ 0000년 0월 0일(0)
✓ 준비물 목록
0~1세반:
작은 투명 플라스틱 병 1개 (깨끗이 세척 후 뚜껑 포함), 다양한 곡물 1가지 등
부드러운 천조각 (20x20cm 크기)
2~3세반:

깨끗한 재활용품(작은 우유팩, 플라스틱 뚜껑 등), 나뭇잎과 돌멩이 등

색종이와 스티커 1세트

4~5세반:

다양한 크기의 단단한 종이 상자(작은 택배 박스, 신발 상자 등)

단추, 목걸이 끈 또는 리본

✓ 놀이 활용 계획

준비물은 아이들의 손으로 직접 만지고 탐색하며, 창의적 활동을 통해 다양한 결과물을 만들어내는 데 활용됩니다. 아이들이 안전하게 사용할 수 있도록 교사들이 세심히 관리하며, 활동 후 아이들이 만든 작품은 가정으로 보내드릴 예정입니다.

✓ 학부모님께 드리는 요청 사항

준비물은 안전하고 깨끗한 상태로 준비 부탁드립니다. 준비물 구비가 어려운 경우, 담임교사에게 사전에 말씀해 주시면 대체할 수 있는 방법을 안내드리겠습니다.

준비된 재료로 진행된 활동 사진과 아이들의 작품은 알림장과 어린이집 소식지를 통해 공유드리겠습니다. 놀이 활동 중 발생한 특별한 이야기나 아이들의 성장 모습은 개별적으로 전달드리거나, 학부모 상담 기간을 통해 상세히 전달드리겠습니다.

아이들에게 창의력과 성취감을 느낄 수 있는 놀이 시간을 제공하기 위해 학부모님과 함께 준비하는 이 과정은 가정과 기관이 함께 협력하는 중요한 시간입니다. 아이들의 즐겁고 유익한 경험을 위해 협조해 주셔서 감사드리며, 언제든 문의 사항이 있으시면 말씀해 주세요.

감사합니다.

○○유치원/어린이집

20 안전 교육 및 대피 훈련 일정 안내

안녕하십니까? 유치원/어린이집 원장입니다.

아이들의 건강과 안전을 최우선으로 생각하는 저희 기관에서는 안전 교육 및 대피 훈련을 정기적으로 실시하고 있습니다. 이번 훈련은 아이들에게 위급 상황에서의 올바른 대처 방법을 배우고, 어린이집 내에서의 안전 의식을 높이는 데 목적이 있습니다. 부모님께서는 아래 일정을 참고하시어 아이들이 안전 교육을 잘 받을 수 있도록 관심과 격려 부탁드립니다.

[안전 교육 및 대피 훈련 일정 안내]

✓ 일정 및 장소

일시: 0000년 00월 00일(0) 오전/오후 00시 ~ 00시

장소: 어린이집 실내 및 야외 대피 장소

✓ 교육 및 훈련 내용
안전 교육:
화재, 지진 등 위급 상황 시 행동 요령
교실 및 복도에서의 안전한 이동 방법
어린이집 놀이시설 및 교구 사용 시 주의사항
대피 훈련:
화재 발생 시 대피 경로 숙지 및 실제 대피 연습
교사의 안내에 따라 안전하게 이동하는 훈련
아이들에게 주는 교육의 효과
위급 상황에 대한 두려움을 줄이고, 올바른 행동을 습관화
친구들과 협력하며 안전하게 대처하는 방법 학습
자신의 안전을 지키는 기본 원칙 이해

✓ 학부모님께 드리는 요청 사항
대피 훈련 당일, 아이들이 편안하고 움직이기 좋은 복장을 착용하도록 준비해 주세요.
아이들에게 훈련의 중요성을 미리 이야기해 주시고, 교사의 안내를 잘 따르도록 격려해 주시기 바랍니다. 훈련 중에는 모든 기관 출입이 통제되오니 양해 부탁드립니다.

✓ 추가 안내
훈련 후, 아이들의 참여 모습과 훈련 결과는 알림장을 통해 학부모님께 공유드리겠습니다.
추후 훈련 내용에 대해 궁금하신 점이나 건의 사항이 있으시면 담임교사 또는 원으로 문의해 주세요.

안전 교육은 아이들이 일상 속에서의 위험 요소를 스스로 인지하고, 위급 상황에서도 침착하게 대처할 수 있는 힘을 키우는 중요한 과정입니다.
저희 기관은 아이들의 안전한 성장을 위해 체계적이고 철저한 훈련을 지속적으로 진행하겠습니다.
학부모님의 협조에 깊이 감사드리며, 아이들의 건강과 안전을 위해 최선을 다하겠습니다.
감사합니다.

○○유치원/어린이집

21 부모 상담 주간 일정 안내 – 1학기

안녕하십니까? 유치원/어린이집 원장입니다.

아이들의 성장과 기관 생활에 대해 학부모님과 깊이 있는 대화를 나누고자 1학기 부모 상담 주간을 아래와 같이 운영합니다.

이번 상담 주간은 아이의 발달 상황, 어린이집 적응 상태, 가정과의 연계 활동 등에 대해 논의하며, 학부모님과 함께 아이들의 건강한 성장을 도모하는 소중한 시간이 되길 바랍니다.

[1학기 부모 상담 주간 일정 안내]

✓ 상담 기간 및 장소
  상담 기간: 0000년 00월 00일(O) ~ 00월 00일(O)
  상담 시간: 오후 00시 ~ 오후 00시 (담임교사와 협의하여 조정 가능)
  상담 장소: 개별 상담실 또는 OOO 교실

✓ 상담 주요 내용
  아이의 발달 상태 및 성장 과정
  기관 생활 적응 정도 및 친구들과의 관계
  가정에서의 생활 습관 및 놀이 활동 연계 방법
  학부모님의 고민, 질문, 또는 요청 사항

✓ 신청 방법
  오늘 발송해 드린 상담 신청서를 작성하시어 O월 O일(금)까지 담임교사에게 제출해 주십시오.
  신청서에 희망 상담 날짜와 시간을 기재해 주시면 교사가 확인 후 상담 일정을 조율해 드리겠습니다.

✓ 학부모님께 드리는 요청 사항
  상담 시간 준수: 원활한 진행을 위해 정해진 시간에 맞춰 방문해 주시기 바랍니다.
  아이와 관련된 구체적인 상황이나 질문을 상담 신청서에 작성해주시면, 더욱 효율적인 상담이 가능합니다.
  상담이 어려운 경우, 사전에 담임교사와 연락하시면 대체 일정 조율이 가능합니다.

이번 상담은 기관과 가정이 함께 소통하며 아이의 성장을 돕는 중요한 기회입니다. 부모님께서 적극적으로 참여해 주신다면, 아이들이 보다 건강하고 행복하게 성장할 수 있는 발판이 될 것입니다.

항상 관심과 협조에 감사드리며, 상담 주간에 뵙기를 기대하겠습니다.

감사합니다.

OO유치원/어린이집

안녕하십니까? 유치원/어린이집 원장입니다.

아이들의 한 학기 동안의 성장과 변화를 학부모님과 함께 이야기하고, 가정과 기관이 함께 아이들의 건강한 발달을 도모하고자 2학기 부모 상담 주간을 운영합니다.

이번 상담 주간은 아이의 발달 상태, 학습 및 놀이 활동, 사회성 및 정서 발달 등을 함께 점검하고, 학부모님과 의견을 나누는 귀중한 시간이 되었으면 합니다.

[2학기 부모 상담 주간 일정 안내]

✓ 상담 기간 및 장소
  상담 기간: 0000년 00월 00일(0) ~ 00월 00일(0)
  상담 시간: 오후 00시 ~ 오후 00시 (담임교사와 협의 후 조정 가능)
  상담 장소: 개별 상담실 또는 000 교실

✓ 상담 주요 내용
  아이의 2학기 발달 및 성장 과정
  친구들과의 관계 및 사회성 발달
  아이의 놀이와 학습 활동 참여도 및 흥미 분야
  가정과 기관의 연계 지도 방안 및 부모님 고민 사항 논의

✓ 신청 방법
  알림장에 첨부된 상담 신청서를 작성하시어 ○월 ○일까지 담임교사에게 제출해 주십시오.
  신청서에 희망 상담 날짜와 시간을 기재해 주시면, 교사가 확인 후 상담 일정을 조율해 드리겠습니다.

✓ 학부모님께 드리는 요청 사항
  상담 시간 준수: 원활한 진행을 위해 정해진 시간에 맞춰 방문해 주시기 바랍니다.
  아이와 관련된 구체적인 상황이나 질문을 상담 신청서에 작성해주시면, 더욱 효율적인 상담이 가능합니다.
  상담이 어려운 경우, 사전에 담임교사와 연락하시면 대체 일정 조율이 가능합니다.

이번 상담은 학부모님과 함께 아이의 1년간의 시간을 돌아보고, 앞으로의 성장 방향을 함께 고민할 수 있는 중요한 시간입니다. 아이들에게 더욱 긍정적이고 건강한 환경을 제공할 수 있도록 적극적인 관심과 협조 부탁 드립니다. 학부모님과 함께 아이들의 행복한 성장을 위해 최선을 다하겠습니다. 항상 항상 우리 기관에 전해주시는 신뢰와 응원에 깊이 감사드리며, 상담 주간에 뵙겠습니다.

감사합니다.

○○유치원/어린이집

23 개인 위생 및 손씻기 교육 안내

안녕하십니까? 유치원/어린이집 원장입니다.

저희 기관은 아이들의 건강과 위생을 최우선으로 생각하며, 개인 위생 습관 형성을 위한 손씻기 교육을 정기적으로 실시하고 있습니다. 손씻기는 아이들이 각종 질병을 예방하고 건강을 유지하는 데 가장 기본적이고 중요한 생활 습관입니다. 부모님께서는 아래 내용을 참고하시어 가정에서도 적극적인 협조 부탁드립니다.

[개인 위생 및 손씻기 교육 안내]

✓ 교육 목적

올바른 손씻기 방법을 통해 아이들이 스스로 건강을 지키는 습관을 기르도록 돕습니다.

개인 위생의 중요성을 인식하여 감염병 예방 능력을 향상시킵니다.

✓ 교육 내용 및 일정

일시: 0000년 0월 0일(0) ~ 0월 0일(0)

대상: 전 원아

- 교육 내용:

손씻기의 중요성 이해하기 (쉽고 재미있는 애니메이션 및 동화 활용)

올바른 손씻기 6단계 배우기

손씻기 실습 및 놀이 활동 (비누 거품 놀이 등)

손씻기 노래 배우기

✓ 가정에서의 협조 요청

아이들과 함께 손씻기 교육 내용을 복습하며, 일상에서 습관화할 수 있도록 격려해 주세요.

식사 전후, 외출 후, 화장실 사용 후에는 반드시 손을 씻도록 지도 부탁드립니다. 손씻기와 함께 기본 위생 수칙(기침 예절, 코 닦기 등)도 함께 실천해 주세요.

✓ 기관에서의 실천 방안

손씻기 시간을 정해 정기적으로 실천 (등원 후, 식사 전후, 놀이 후 등) 아이들에게 손씻기 중요성을 지속적으로 교육하고, 재미있는 방법으로 위생 습관을 강화합니다.

손씻기는 아이들이 스스로 건강을 관리하고, 타인을 배려하는 중요한 생활 습관입니다. 저희 기관은 아이들이 위생적인 환경에서 건강하게 성장할 수 있도록 지속적으로 관리하고 교육하겠습니다.

학부모님의 협조에 깊이 감사드리며, 가정에서도 함께 실천해 주시기를 부탁드립니다.

감사합니다.

○○유치원/어린이집

24 특별 활동 및 외부 강사 프로그램 일정 안내

안녕하십니까? 유치원/어린이집 원장입니다.

저희 기관은 아이들이 다양한 경험과 배움을 통해 창의력과 자신감을 키울 수 있도록 0월 0일(0)부터 0일 간 오픈 데이를 기획합니다. 아이들이 기관에서 함께 하고 있는 특별 활동 및 외부 강사 프로그램을 부모님과 함께 참여할 수 있도록 일정 기간 운영하고자 합니다. 이번 프로그램은 아이들의 발달 단계에 맞춘 체험과 교육으로 구성되어 있으며, 전문 강사와 함께하는 즐겁고 유익한 시간이 될 것입니다. 학부모님의 많은 관심과 참여 부탁드립니다.

[특별 활동 및 외부 강사 프로그램 일정 안내]

✓ 프로그램 개요
  운영 기간: 0000년 0월 00일(0) ~ 0월 00일(0)
  대상: 전 원아 (연령별 맞춤 활동 제공)
  시간: 00시 00분 ~ 00시 00분
  장소: 기관 야외 정원

✓ 주요 프로그램 내용
  1) 예술 활동
     주제: 색깔과 소리의 세계
     강사: ○○센터 예술교육 전문 강사
     활동 내용: 미술 놀이, 간단한 악기 연주 체험
  2) 체육 활동
     주제: 신나는 체력 테스트 놀이
     강사: ○○체육센터 유아체육 전문 강사
     활동 내용: 아이들 체력 발달을 위한 놀이형 체육 수업
  3) 자연 체험
     주제: 친구들과 함께 자연을 탐험해요
     강사: ○○환경교육센터 전문 강사
     활동 내용: 간단한 식물 심기, 곤충 알아보기, 자연 관찰 활동
  4) 전통문화 체험
     주제: 우리나라 전통놀이와 문화를 배워요
     강사: ○○문화재단 전통문화 강사
     활동 내용: 전통놀이 체험, 한복 입기

✓ 준비물 안내
  활동은 부스 체험으로 이루어지며, 하원 후 개별적으로 참여하게 됩니다. 해당 기간 동안 아이들이 편안하고 활동하기 좋은 복장을 착용할 수 있도록 준비해 주세요. 프로그램 중 안전한 환경이 유지될 수 있도록 학부모님의 관심과 협조를 부탁드립니다. 아이들이 놀이를 통해 새로운 경험을 쌓고, 다양한 분야에 흥미를 느낄 수 있도록 기획하였습니다. 항상 따뜻한 관심과 협조에 감사드리며, 궁금한 사항이나 건의가 있으시면 언제든 연락 주십시오. 감사합니다.

○○유치원/어린이집

25 다문화 및 장애 이해 교육 안내

안녕하십니까? 유치원/어린이집 원장입니다.

저희 기관은 아이들이 다양성을 존중하고, 서로 다른 문화와 배경을 가진 친구들을 이해하며 함께 살아가는 사회의 가치를 배우는 것을 중요하게 생각합니다. 이에 따라 다문화 및 장애 이해 교육을 아래와 같이 진행하고자 하오니, 학부모님의 관심과 격려를 부탁드립니다.

[다문화 및 장애 이해 교육 안내]

✓ 교육 목적
   다양한 문화와 장애에 대한 올바른 이해와 수용 태도 함양
   서로 다름을 인정하고 배려하는 사회적 역량 기르기
   모두가 함께 어울릴 수 있는 포용적 사고를 형성

✓ 교육 일정 및 내용
   일시: 0000년 0월 00일(0) ~ 0월 00일(0) (총 0일간)
   대상: 전 원아 (연령별 맞춤 활동 제공)
   장소: 어린이집/유치원 다목적실 및 교실

✓ 교육 프로그램
   1일차:
   주제: 세상은 다양한 친구들로 이루어져 있어요
   활동 내용: 다문화 동화책 읽기 및 이야기 나누기, 각 나라 인사말 배우기
   2일차:
   주제: 특별한 친구들과 함께 하는 우리
   활동 내용: 장애 이해를 돕는 체험 놀이 (휠체어 체험, 점자 읽기 등)
   3일차:
   주제: 다름을 넘어 함께하는 세상
   활동 내용: 문화 체험 활동(다문화 음식 만들기, 전통 의상 입어보기), 역할 놀이

이번 교육은 아이들이 서로의 다름을 존중하고, 포용적 태도를 기르는 중요한 시간이 될 것입니다. 아이들과 함께 다문화 및 장애에 대해 대화할 수 있는 시간을 가정에서도 가져 주시면 교육 효과가 더욱 높아질 것입니다. 다양한 경험을 통해 성장할 수 있도록 기관과 학부모님이 함께 협력하는 문화를 만들어 나가고자 합니다. 항상 학부모님의 따뜻한 관심과 협조에 깊이 감사드리며, 아이들이 더욱 넓은 세상을 이해하는 기회를 가질 수 있도록 최선을 다하겠습니다.

감사합니다.

○○유치원/어린이집

안녕하십니까? 유치원/어린이집 원장입니다.

항상 저희 기관에 관심과 애정을 보내주시는 학부모님께 진심으로 감사드립니다.

저희 기관에서는 아이들의 활동 모습과 성장을 기록하고, 기관의 다양한 교육 프로그램을 소개하기 위해 SNS 채널(블로그, 인스타그램 등)을 활용하고 있습니다. 이와 관련하여 원아 사진 활용 및 개인정보 제공에 대한 동의서 제출을 요청드리오니, 아래 내용을 참고해 주시기 바랍니다.

[원아 사진 SNS 활용 및 개인정보 제공 동의 안내]

✓ 활용 목적

　기관 활동 및 행사 소개

　원아들의 성장 과정과 즐거운 순간을 기록 및 공유

　기관의 교육 철학 및 프로그램 홍보

✓ 활용 매체 및 범위

　활용 매체: 기관 공식 블로그, 인스타그램, 유튜브 등

　활용 범위: 원아의 활동 사진, 작품 사진 (얼굴 노출 등 개인 정보 최소화)

　정면의 개인 얼굴 사진과 함께 원아 이름 등 구체적 개인정보는 비공개로 진행합니다.

✓ 개인정보 제공 관련 내용

　- 수집 항목: 아이 이름, 학급, 사진

　- 수집 목적: 유치원/어린이집 활동 기록 및 홍보

　- 보관 및 관리: 개인정보는 내부 보안 지침에 따라 안전하게 관리되며, 지정된 목적 외에는 사용되지 않습니다.

✓ 동의서 작성 및 제출 방법

　제출 기한: 0000년 00월 00일(0)까지

　제출 방법: 첨부된 동의서를 작성하여 담임교사에게 제출

　동의 여부는 학부모님의 선택 사항이며, 동의하지 않으셔도 아이의 기관 생활에 어떠한 불이익도 발생하지 않습니다.

✓ 학부모님께 드리는 요청 사항

　동의서 작성 시, 사용 가능 범위 및 조건에 대해 명확히 표시해 주십시오.

　사진 사용 여부와 관련된 문의나 변경 요청은 언제든지 기관으로 연락 주시기 바랍니다.

　아이들의 안전과 개인정보 보호를 최우선으로 고려하여 모든 사진 및 정보를 철저히 관리하겠습니다.

　학부모님의 신뢰를 바탕으로, 아이들이 행복하게 성장하는 모습을 공유할 수 있도록 노력하겠습니다.

　항상 저희 기관을 믿고 협조해 주시는 학부모님께 깊이 감사드립니다. 감사합니다.

○○유치원/어린이집

27 필요경비 등 납부 및 환불 규정 안내

안녕하십니까? 유치원/어린이집 원장입니다.

항상 저희 기관에 관심과 신뢰를 보내주시는 학부모님께 깊이 감사드립니다. 저희 기관에서는 아이들의 교육과 보육을 위해 투명하고 공정한 방식으로 필요경비를 관리하고 있습니다. 부모님께서 참고하실 수 있도록 필요경비 납부 및 환불 규정을 아래와 같이 안내드립니다.

[필요경비 납부 안내]

✓ 납부 항목 및 금액
 - 보육료: 정부 지원 및 학부모 부담액
 - 필수 필요경비: 기관 별 해당 내용 기재
 - 선택 필요경비: 기관 별 해당 내용 기재

✓ 납부 방법 및 일정
 - 납부 방법: 기관 지정 계좌 이체 또는 기관 별 해당 내용 기재
 - 납부 일정: 매월 00일 (휴일인 경우, 다음 영업일 납부)
 - 계좌번호 및 납부 세부 사항은 별도 안내드립니다.

[필요경비 환불 규정 안내]

✓ 환불 가능 기준
 - 기관 이용 종료 또는 중도 퇴소 시
 - 그 외 세부 규정은 기관으로 문의 바랍니다.

✓ 환불 규정 세부 내용
 보육료: 보육료 환불은 정부 지침에 따라 일할 계산 후 환불 처리됩니다.
 필수 필요경비: 미사용분에 한해 월별 또는 일별 계산 후 환불 가능합니다.
 선택 필요경비: 특별활동비, 체험학습비 등은 활동 취소 여부에 따라 미사용분 환불 처리 혹은 학기 내 사용됩니다. 준비 비용이 이미 소요된 경우, 해당 금액은 제외될 수 있습니다.

✓ 환불 절차
 - 환불 신청서 작성 및 제출 (기관에서 양식 제공)
 - 환불 금액 산정 후 개별 안내, 금액 확인 및 지정 계좌로 입금 처리

[학부모님께 드리는 요청 사항]

필요경비 납부 및 환불 관련 문의는 원장실 또는 담임교사에게 말씀해 주십시오.
환불 신청 시 필요한 서류(신분증 사본, 계좌 정보 등)를 준비해 주시면 원활한 처리가 가능합니다.
모든 필요경비는 학부모님의 신뢰를 바탕으로 투명하게 관리되며, 연말 정산 자료로 제공됩니다.

저희 기관은 필요경비의 투명한 집행과 관리를 통해 학부모님의 신뢰에 보답하고자 최선을 다하고 있습니다.

항상 아이들의 행복한 성장을 위해 함께해 주시는 학부모님께 깊이 감사드리며, 기타 궁금한 점이 있으시면 언제든 문의해 주시기 바랍니다. 감사합니다.

○○유치원/어린이집

안녕하십니까? 유치원/어린이집 원장입니다. 아이들이 건강하고 안전하게 기관 생활을 할 수 있도록, 학부모님들과 함께 계절별로 발생하기 쉬운 질병을 예방하고 관리하고자 합니다.

아래 내용을 참고하시어 가정에서도 질병 예방과 건강 관리에 협조 부탁드립니다.

[계절별 질병 예방과 관리 안내]

1. 봄철 (3월 ~ 5월)

   ✓ 발생 가능 질병: 알레르기성 비염, 유행성 눈병, 수두

   ✓ 예방 방법:

   꽃가루와 먼지가 많은 날에는 외출을 자제하고, 외출 시 마스크 착용

   귀가 후 손씻기와 얼굴 세척 습관화

   어린이집과 가정에서 장난감과 교구 소독 철저히 진행

   ✓ 가정 협조: 알레르기 증상이 나타날 경우, 담임교사에게 즉시 알려주시고 필요 시 병원 방문

2. 여름철 (6월 ~ 8월)

   ✓ 발생 가능 질병: 수족구병, 장염, 식중독, 열사병

   ✓ 예방 방법:

   물놀이 후 몸을 깨끗이 씻기고, 젖은 옷은 바로 갈아입기

   차가운 음료나 음식은 적당히 섭취

   기관 내 냉방 온도를 적정 수준(26~28℃)으로 유지

   ✓ 가정 협조: 아이가 설사나 구토 증상을 보일 경우, 기관에 보고 및 등원 자제

3. 가을철 (9월 ~ 11월)

   ✓ 발생 가능 질병: 감기, 유행성 독감, 폐렴

   ✓ 예방 방법:

   독감 예방접종 실시

   실내 환기를 정기적으로 진행하며, 건조하지 않도록 가습기 활용

   아이가 적정한 두께의 옷을 입고, 땀이 나면 바로 갈아입도록 지도

   ✓ 가정 협조: 아이가 독감 증상을 보이면 기관에 사전 연락 후 병원 방문

4. 겨울철 (12월 ~ 2월)

   ✓ 발생 가능 질병: 감기, 유행성 독감, 동상, 피부 건조증

   ✓ 예방 방법:

   ✓ 외출 후 따뜻한 물로 손씻기와 발 씻기 지도

실내 온도를 적정하게 유지하고, 과도한 난방으로 건조해지지 않도록 관리

기관에서는 충분한 휴식과 따뜻한 물 제공

가정 협조: 아이가 발열, 기침 등의 증상을 보이면 충분한 휴식을 취하도록 지도

[기관에서의 예방 활동 및 관리]

- 매일 아침 원아들의 건강 상태를 점검(체온 측정 및 시각적 확인)

- 교구, 장난감, 공용 공간 정기 소독

- 감염병 확산 방지를 위한 즉각적인 공지 및 학부모님과의 긴밀한 소통

[학부모님께 드리는 요청 사항]

아이의 건강 상태를 매일 확인하시고, 이상 징후가 있을 경우 병원에 내원하여 정확한 진달을 받아주세요.

예방접종 및 건강검진 결과는 기관에 업데이트 부탁드립니다.

기관에서 요청하는 알림장과 질병 관련 안내를 꼼꼼히 확인해 주시기 바랍니다.

질병 예방과 관리는 기관과 가정이 함께 협력해야 효과적으로 이루어질 수 있습니다. 아이들이 건강하고 행복하게 성장할 수 있도록 최선을 다하겠습니다. 학부모님의 적극적인 관심과 협조에 깊이 감사드립니다. 감사합니다.

○○유치원/어린이집

29 도서 및 교구 대여 프로그램 안내

안녕하십니까? 유치원/어린이집 원장입니다.

저희 기관에서는 아이들이 가정에서도 다양한 학습과 놀이를 이어갈 수 있도록 도서 및 교구 대여 프로그램을 운영하고 있습니다. 이 프로그램은 아이들의 창의력과 학습 동기를 키우고, 부모님과의 긍정적인 상호작용을 촉진하는 것을 목적으로 하고 있습니다.

[도서 및 교구 대여 프로그램 안내]

✓ 프로그램 개요

대상: 기관에 재원 중인 모든 원아

대여 물품: 연령별 맞춤 도서 및 학습 교구

운영 기간: 0000년 00월부터 연중 운영

대여 장소: 도서실 및 교구실

✓ 대여 및 반납 방법

　　대여 신청:

　　매주 월요일, 담임교사에게 대여 신청서를 제출

　　대여 기간: 1주일 (다음 주 월요일까지 반납)

　　반납 절차:

　　반납일에 담임교사에게 물품 전달/ 교구 손상 여부를 확인한 후 반납 완료

✓ 유의 사항

　　- 물품이 파손되거나 분실될 경우, 협의에 따라 복구 또는 대체 방안을 마련합니다.

　　- 연체 또는 손상이 반복될 경우, 대여가 제한될 수 있습니다.

　　- 물품 사용 후 깨끗하게 관리하여 반납해 주십시오.

✓ 대여 가능 물품 예시

　　도서: 그림책, 동화책, 창의력 발달을 위한 학습 도서

　　교구: 퍼즐, 블록, 감각 놀이 재료, 숫자 및 문자 학습 교구

　저희 기관은 도서 및 교구 대여 프로그램을 통해 아이들이 가정에서도 즐겁고 의미 있는 학습과 놀이를 경험할 수 있도록 지원하겠습니다. 학부모님의 협조와 참여를 통해 아이들에게 더욱 풍성한 배움의 기회를 제공할 수 있기를 기대합니다. 감사합니다.

○○유치원/어린이집

30　부모 모니터링 등 기관 방문 프로그램 안내

　안녕하십니까? 유치원/어린이집 원장입니다.

　저희 기관에서는 투명한 운영과 학부모님과의 신뢰를 강화하기 위해 부모 모니터링 및 기관 방문 프로그램을 운영하고 있습니다. 이 프로그램은 학부모님께 어린이집의 일상과 활동을 직접 확인할 수 있는 기회를 제공하며, 아이들의 보육 환경을 함께 점검하고 개선 방향을 논의하는 소중한 시간이 될 것입니다.

[부모 모니터링 및 기관 방문 프로그램 안내]

✓ 프로그램 목적

　　기관의 투명한 운영과 신뢰 구축

　　부모님과 교직원이 협력하여 더 나은 보육 환경 조성

　　아이들의 일상과 보육 과정을 부모님께 직접 소개

✓ 운영 일정 및 참여 방법

운영 기간: 0000년 00월부터 매월 00회, 0,0째주 0요일

모니터링 시간: 오전 00시 ~ 오후 00시

✓ 참여 신청

정문에 비치된 신청서를 통해 참여 희망 날짜와 시간을 작성한 후, 담임교사에게 제출

매월 선착순으로 0명 이내의 학부모님께 참여 기회 제공

✓ 주요 활동 내용

기관 라운딩 및 보육 활동 참관

교실, 놀이실, 식당 등 주요 공간 확인, 아이들의 일상 놀이 및 교육 활동 참관

운영 관련 논의:

기관 운영 정책, 급식 및 위생 관리 현황 공유, 개선 사항 논의

✓ 유의 사항

아이들이 교육 활동에 집중할 수 있도록 참관 중에는 대화나 사진 촬영을 제한합니다. 기관의 교육 및 생활 운영에 무리가 되지 않도록 자녀와의 개별 대화는 자제해 주시기 바랍니다. 신청 후, 참여가 어려울 경우, 미리 연락 부탁드립니다.

방문 중 특별히 느끼신 점이나 건의사항은 모니터링 종료 후 설문지를 통해 작성해 주세요.

✓ 기대 효과

학부모님과 기관 간의 소통 강화

기관 환경과 운영 방식에 대한 신뢰도 향상

아이들의 일상 생활과 보육 과정에 대한 이해 증진

저희 기관은 학부모님과 함께 아이들이 더 행복하고 안전한 환경에서 성장할 수 있도록 끊임없이 노력하겠습니다. 부모 모니터링 및 기관 방문 프로그램에 학부모님의 많은 관심과 참여 부탁드리며, 관련 문의 사항은 언제든지 담임교사나 원으로 연락 주십시오. 감사합니다.

○○유치원/어린이집

31 부모 교육 세미나 및 워크숍 일정 안내

안녕하십니까? 유치원/어린이집 원장입니다.

아이들의 건강한 성장과 가정 내 긍정적인 육아 환경을 조성하기 위해 부모 교육 세미나 및 워크숍을 준비하였습니다. 이번 세미나는 전문가 초청 강의와 실질적인 육아 팁을 제공하며, 부모님들께 유익한 정보를 공유하는 소중한 시간이 될 것입니다.

[부모 교육 세미나 및 워크숍 일정 안내]

✓ 일정 및 장소
   일시: 0000년 00월 00일(0) 오전 00시 ~ 오후 00시
   장소: ○○기관 다목적실

✓ 프로그램 구성(예시)
   1부: 전문가 초청 강연
   주제: "아이의 마음을 이해하는 법 – 긍정적 양육의 시작"
   강사: ○○센터 ○○ 대표강사
   내용: 아이의 발달 단계에 따른 감정 이해, 긍정적 행동 지도 방법
   2부: 워크숍 활동
   주제: "가정에서 실천하는 놀이 육아"
   내용: 부모-자녀 놀이법 실습, 가정에서 활용할 수 있는 놀이 자료 제작
   3부: 질의응답 및 소통의 시간
   학부모님의 질문과 강사의 답변을 통해 육아 고민 해결

✓ 참여 신청 방법
   신청 기간: 0000년 00월 00일(0) ~ 00월 00일(0)
   신청 방법: 신청서 작성 후 담임교사에게 제출

✓ 참가비 및 준비물
   참가비: 무료 (기관에서 전액 지원)
   준비물: 필기구, 참여 의지와 긍정적인 마음

세미나와 워크숍 진행 중, 타 학부모님과의 협력을 통해 적극적으로 참여해 주세요. 기관을 이용하지 않는 가정에서도 참여가 가능하니, 주변에 추천해 주시기 바랍니다. 세미나 종료 후, 제공된 자료와 내용을 가정에서 실천해 보시고, 피드백을 전달해 주시면 감사하겠습니다.

이번 세미나는 부모님께서 아이와의 관계를 더욱 깊이 이해하고, 가정에서의 육아를 보다 즐겁고 의미 있게 만들어 드리는 것을 목표로 합니다. 많은 관심과 참여를 부탁드리며, 함께 유익한 시간을 만들어 가기를 기대합니다. 감사합니다.

○○유치원/어린이집

32 환경보호 및 재활용 캠페인 안내

안녕하십니까? 유치원/어린이집 원장입니다.

저희 기관에서는 아이들이 자연을 사랑하고 환경을 소중히 여기는 마음을 배울 수 있도록 환경보호 및 재활용 캠페인을 진행하고 있습니다. 이번 캠페인은 기관과 가정에서 함께 실천할 수 있는 활동들로 구성되어 있으며, 학부모님의 관심과 참여를 부탁드립니다.

[환경보호 및 재활용 캠페인 안내]

✓ 캠페인 기간 및 대상

기간: 0000년 0월 0일(0) ~ 0월 00일(0)

대상: 전체 원아 및 학부모님

✓ 주요 활동 내용

환경보호 교육:

- 주제: "지구를 지켜요, 우리가 할 수 있어요!"

- 내용: 환경 보호의 중요성을 배우는 동화 읽기, 재활용의 필요성 이해하기

재활용 체험 활동:

- 활동 1: 집에서 사용하지 않는 물건 모아오기 (플라스틱 병, 종이상자, 캔 등)

- 활동 2: 재활용품으로 만드는 창의 미술 작품

에너지 절약 캠페인:

- 전기 끄기 놀이, 물 절약 놀이 등 가정에서도 실천 가능한 에너지 절약 활동 미션

- 교실 내 재활용 분리수거 및 지역사회 연계 활동 체험

- 식물 심기 및 돌보기

✓ 캠페인 결과 발표 및 전시회

일시: 0000년 00월 00일(0)

내용: 재활용품으로 만든 아이들의 작품 전시와 캠페인 참여 가족 시상 및 감사 인사

이번 캠페인을 통해 아이들이 환경 보호의 가치를 배우고, 작은 실천이 세상을 바꿀 수 있다는 자신감을 얻기를 바랍니다. 기관과 가정이 함께 협력하여 지속 가능한 환경을 만드는 데 동참해 주시기를 부탁드립니다. 항상 관심과 협조를 아끼지 않으시는 학부모님께 깊이 감사드리며, 기타 문의 사항은 언제든지 말씀해 주시기 바랍니다.

감사합니다.

○○유치원/어린이집

33 미술 작품 전시회 및 가족 초대 일정 안내

안녕하십니까? 유치원/어린이집 원장입니다.

저희 기관에서 아이들이 그동안 창의적으로 표현한 미술 작품들을 학부모님과 가족들께 선보이는 미술 작품 전시회를 준비하였습니다. 이번 전시회는 아이들의 노력과 성취를 축하하고, 가족과 함께 즐거운 시간을 나누는 특별한 기회가 될 것입니다. 많은 관심과 참여 부탁드립니다.

[미술 작품 전시회 및 가족 초대 일정 안내]

✓ 행사 개요
일시: 0000년 00월 00일(0) 오전 00시 ~ 오후 00시
장소: ○○ 다목적실 및 야외 놀이터
대상: 전 원아 및 가족

✓ 전시회 주요 내용
1) 아이들의 미술 작품 전시
- 주제별로 나뉜 작품 코너 (자연, 동물, 가족, 창작)
- 연령별로 다른 표현 기법과 스타일의 작품 감상
2) 아이들과 함께하는 작품 설명
아이들이 직접 자신의 작품을 설명하며 자부심과 성취감을 느끼는 시간
3) 가족 참여 활동
부모와 함께 만드는 즉석 가족 미술 작품
사진 촬영 코너에서 가족 사진 남기기

✓ 참여 신청 안내
신청 기간: 0000년 0월 00일(0) ~ 0월 00일(0)
신청 방법: 알림장을 통해 참가 신청서를 작성하여 담임교사에게 제출

✓ 가족께 드리는 요청 사항
전시회 당일, 편안한 복장으로 방문해 주시기 바랍니다.
전시 중 아이들이 다른 작품을 손으로 만지지 않도록 지도 부탁드립니다.
작품 활동 중 필요할 재료는 어린이집에서 제공하며, 별도의 준비물은 없습니다.

✓ 기타 안내
행사 종료 후, 간단한 다과와 함께 가족들과 담소를 나눌 수 있는 시간을 마련할 예정입니다.
전시된 작품은 행사 후 가정으로 보내드리니 아이들과 함께 추억을 간직해 주시길 바랍니다.

이번 전시회는 아이들의 창의성과 성장 과정을 공유하며, 자녀의 재능을 격려할 수 있는 특별한 시간입니다. 아이들의 빛나는 작품을 감상하시며 따뜻한 추억을 만들어 가시길 바랍니다. 항상 아이들의 성장을 함께 응원해 주시는 학부모님께 깊이 감사드리며, 전시회에서 뵙기를 기대하겠습니다.

감사합니다.

○○유치원/어린이집

34 특별활동 참관 수업 안내

안녕하십니까? 유치원/어린이집 원장입니다.

저희 기관에서는 부모님께 아이들의 특별활동 수업 모습을 직접 참관할 기회를 제공하고자 특별활동 참관 수업을 준비하였습니다. 이번 참관 수업은 부모님께서 아이들의 학습과 놀이 활동을 직접 보시고, 교사 및 아이들과 함께 소통할 수 있는 뜻깊은 시간이 될 것입니다.

[특별활동 참관 수업 안내]

✓ 참관 수업 개요

일시: 0000년 00월 00일(0) 오전 00시 ~ 00시 00분

장소: 기관 내 각 반 교실 및 특별활동실

대상: 학부모님 (1가정당 1명 이상 참석 가능)

✓ 참관 활동 내용

0세반: 감각 놀이 - 촉감을 느껴요!

1세반: 리듬 활동 - 즐거운 율동 시간

2세반: 미술 활동 - 색깔로 표현해요

3세반: 요리 활동 - 내가 만드는 간단한 요리

4세반: 과학 탐구 - 왜 그럴까요? 과학 실험 놀이

5세반: 한글, 수 놀이 - 내가 만드는 한글, 수 세상

✓ 참여 신청 방법

신청 기간: 0000년 00월 00일(월) ~ 00월 00일(0)

신청 방법: 참가 신청서를 작성하여 담임교사에게 제출

✓ 유의 사항

- 참관 중, 아이들이 활동에 집중할 수 있도록 대화나 촬영을 자제 부탁드립니다.

- 참관 활동 후, 부모님과 간단한 피드백 및 소감을 나누는 시간이 준비되어 있습니다.

- 공간 제한으로 인해 참여 인원이 제한될 수 있으니, 신청서를 기한 내에 제출해 주시기 바랍니다.

이번 특별활동 참관 수업은 아이들이 부모님과 함께 시간을 공유하며 자신감을 얻고, 학부모님께 기관의 다양한 프로그램과 활동을 투명하게 소개할 수 있는 소중한 기회입니다. 학부모님의 많은 관심과 참여를 부탁드리며, 기타 궁금한 점이나 문의 사항이 있으시면 담임교사나 원으로 연락 주십시오.

감사합니다.

○○유치원/어린이집

35 발달 단계별 평가 보고서 및 영유아 발달 포트폴리오 발송 일정 안내

안녕하십니까? 유치원/어린이집 원장입니다.

아이들의 성장과 발달 과정을 학부모님께 공유하고, 가정에서도 아이들의 발달 상황을 이해하고 격려할 수 있도록 발달 단계별 평가 보고서 및 영유아 발달 포트폴리오를 발송해 드리고자 합니다. 아래 내용을 참고하시어 아이들의 소중한 성장 기록을 함께 나눠 주시기 바랍니다.

[발달 단계별 평가 보고서 및 포트폴리오 안내]

✓ 발달 단계별 평가 보고서 발송 일정
  1학기 발송: 0000년 00월 00일(0)
  2학기 발송: 0000년 00월 00일(0)

✓ 평가 보고서 내용
  - 아이들의 신체, 언어, 인지, 사회성, 정서 발달 상태에 대한 관찰 내용
  - 활동별 참여도 및 성장 과정
  - 담임교사의 코멘트 및 가정에서의 연계 지도 방법

✓ 포트폴리오 발송 일정
  매월 마지막주 금요일

✓ 포트폴리오 내용
  - 주요 활동 사진 및 작품
  - 놀이와 학습 활동 기록

✓ 학부모님께 드리는 요청 사항
  발달 보고서를 확인하신 후, 궁금한 점이나 추가적인 논의가 필요한 사항은 담임교사와 상담을 예약해 주세요. 포트폴리오를 활용하여 가정에서도 아이와 함께 이야기 나누는 시간을 가져 주시면 좋습니다.

포트폴리오는 가정에서 소중히 보관해 주시고, 필요 시 추가 자료를 요청하실 수 있습니다.

아이들의 발달 보고서와 포트폴리오는 학부모가 자녀의 성장을 가까이에서 확인하고, 가정과 기관이 함께 협력하여 아이들의 건강한 성장을 지원하기 위한 중요한 자료입니다. 부모님의 많은 관심과 사랑이 아이들에게 큰 힘이 됩니다. 아이들의 성장을 함께 응원해 주시는 학부모님께 깊이 감사드리며, 궁금한 사항이나 건의 사항이 있으시면 언제든 기관으로 문의해 주세요.

감사합니다.

○○유치원/어린이집

36 새학기 재원 신청 및 원아 추천 관련 안내

안녕하십니까? 유치원/어린이집 원장입니다. 항상 저희 기관을 믿고 소중한 자녀를 맡겨 주시는 학부모님께 깊이 감사드립니다. 다가오는 새 학기를 맞이하여 재원 신청과 주변에 어린이집을 추천하고자 하는 학부모님들께 관련 사항을 안내드리고자 합니다.

[새 학기 재원 신청 안내]

대상: 현재 재원 중인 원아 (0000년 기준)

재원 신청 기간: 0000년 0월 00일(0) ~ 0000년 0월 00일(0)

신청 방법: 재원 신청서를 작성하여 담임교사에게 제출, 원장실을 통해 추가 문의 및 면담 가능

유의 사항:

- 재원 신청서를 제출하지 않으실 경우, 원아의 퇴소로 간주될 수 있으니 기한 내 제출 부탁드립니다.

- 가정 사정으로 인해 재원이 어려운 경우, 담임교사와 미리 상의해 주시면 감사하겠습니다.

[원아 추천 관련 안내]

1) 추천 대상: 주변의 입소를 희망하는 가정 (형제·자매 우선 배정 가능) 0세 ~ 5세 연령 대상

2) 추천 방법:

3) 추천하고자 하는 가정에 기관 방문 예약을 안내

   - 기관 오픈 데이: 0000년 0월 00일(0) ~ 0월 00일(0)

    기관 시설 및 프로그램 소개, 교직원 상담 가능

    입소 관련 자료 제공: 기관 운영 철학, 교육 프로그램, 시설 안내 자료 제공

    추천자와 추천받는 가정 모두에게 소정의 감사 선물을 준비하고 있습니다.

[학부모님께 드리는 요청 사항]

재원 신청서를 꼼꼼히 작성하시고, 알림장 공지사항을 확인해 주세요.

추천받은 가정이 기관에 대한 질문이 있을 경우, 원장님에게 문의하도록 안내 부탁드립니다.

추천 가정이 입소 희망 시, 추천 여부를 미리 말씀해 주시면 절차가 원활히 진행됩니다.

새 학기를 준비하며 저희 기관은 아이들이 보다 즐겁고 안전한 환경에서 성장할 수 있도록 최선을 다하고 있습니다. 학부모님의 따뜻한 관심과 협조에 깊이 감사드리며, 기타 궁금한 사항이 있으시면 언제든 기관으로 문의 주십시오. 감사합니다.

○○유치원/어린이집

37 교사 변경 및 담임 교사 인사 안내

안녕하십니까? 유치원/어린이집 원장입니다.

항상 저희 어린이집에 믿음을 주시고 소중한 자녀를 맡겨 주시는 학부모님께 깊이 감사드립니다. 이번 학기 중 교사 변경과 관련된 사항 및 새롭게 함께할 담임 교사에 대한 안내를 드리고자 합니다.

[교사 변경 및 담임 교사 안내]

✓ 교사 변경 사유 및 일정
  사유: 기존 담임 교사인 ○○ 선생님의 개인적인 사정으로 인한 퇴사
  변경 일정: 0000년 00월 00일(0)부터 새로운 담임 교사로 변경

✓ 새 담임 교사 소개
  - 이름: △△ 선생님
  - 교사의 교육 철학:

✓ 적응 기간 운영
  새로운 담임 교사와 아이들이 자연스럽게 적응할 수 있도록 첫 2주 동안 개별 관찰 및 놀이 중심의 활동을 진행할 예정입니다. 학부모님과 정기적으로 소통하며 아이들의 적응 상태를 공유드리겠습니다.

✓ 학부모님께 드리는 협조 요청
  가정에서도 새 담임 선생님과의 만남에 대해 긍정적인 대화를 나누어 주시면 아이들이 빠르게 적응할 수 있습니다. 변경된 교사와의 소통에 대한 궁금한 점이나 요청 사항이 있을 경우, 담임교사나 어린이집으로 언제든 연락 부탁드립니다.

교사 변경은 아이들과 학부모님께 혼란을 줄 수 있는 사항이기에 신중히 결정된 사항입니다. 이와 관련하여 기관의 상황에 대해 적극적으로 협조해 주시고 양해해주신 학부모님께 감사의 말씀 전합니다.

새 담임 교사는 아이들이 즐겁고 안정된 환경에서 생활할 수 있도록 최선을 다할 것입니다. 학부모님께서도 따뜻한 격려와 이해로 함께해 주시길 부탁드립니다. 감사합니다.

○○유치원/어린이집

38 여름 행사 및 물놀이 운영 안내

안녕하십니까? 유치원/어린이집 원장입니다.

무더운 여름을 맞아 아이들이 시원하고 즐겁게 보낼 수 있도록, 저희 기관에서는 여름 행사 및 물놀이 활동을 준비하였습니다. 이번 활동은 아이들의 신체 발달을 돕고, 물과 함께하는 놀이를 통해 무더위를 이겨내는 즐거운 시간이 될 것입니다. 학부모님께서는 아래 내용을 확인하시고 적극적인 협조 부탁드립니다.

[여름 행사 및 물놀이 운영 안내]

✓ 운영 기간 및 시간

기간: 0000년 0월 0일(0) ~ 0월 00일(0)

시간: 주 0회 (0요일, 0요일 오전 00시 ~ 00시 00분)

날씨에 따라 일정이 변경될 수 있으며, 변경 시 사전에 알림장을 통해 안내드립니다.

✓ 운영 장소

야외 물놀이장 및 실내 놀이 공간 (우천 시 대체 활동 진행)

물놀이 활동 내용(예시)

- 신체 활동: 물총 놀이, 미니 풀장에서의 자유 놀이

- 감각 놀이: 물과 다양한 도구를 활용한 물 감각 놀이

- 협동 놀이: 친구들과 함께하는 팀별 물놀이 게임

✓ 준비물 안내

수영복 1벌, 물놀이용 신발 (미끄럼 방지 기능), 타월 2장 (몸 닦기용, 대기 시 사용), 여벌 옷 1벌 (속 옷 포함), 방수팩에 담긴 개인 물품 (썬크림, 물병 등), 물놀이용 기저귀 등

* 모든 준비물에는 아이 이름을 기재해 주세요.

✓ 안전 수칙

물놀이 전후로 반드시 아이들의 체온을 확인하며, 이상 징후가 있는 경우 참여를 제한합니다.

교사와 보조 교사가 항상 아이들과 함께하며, 안전하게 놀이가 이루어질 수 있도록 세심히 관찰합니다.

행사 동안 사진 촬영은 안전을 이유로 이루어지지 않을 수 있습니다. 물놀이 장소는 사용 전후로 철저히 소독하며, 물은 매일 교체합니다.

✓ 가정에서의 협조 요청

물놀이 활동이 있는 날 아침, 아이들의 건강 상태(발열, 피부 질환 등)를 확인 후 유치원/어린이집으로 보내주시기 바랍니다. 알레르기나 피부 관련 특별 관리가 필요한 경우 사전에 담임교사에게 알려주시기 바랍니다.

여름철 물놀이는 아이들에게 신체적 발달과 정서적 안정감을 제공하는 중요한 활동입니다. 아이들이 안전하고 즐거운 시간을 보낼 수 있도록 기관에서 철저히 준비하고 있으며, 학부모님의 적극적인 협조와 관심 부탁드립니다. 궁금한 점이나 요청 사항이 있으시면 언제든 연락해 주십시오.

감사합니다.

○○유치원/어린이집

안녕하십니까? 유치원/어린이집 원장입니다.

아이들이 성장하며 다양한 감정과 행동을 표현하는 과정에서 가끔은 문제 행동으로 보이는 모습들이 나타날 수 있습니다. 저희 기관은 이러한 행동을 아이들의 발달 과정으로 이해하고, 긍정적인 방식으로 지도하며, 학부모님과 함께 해결 방안을 모색하고자 합니다.

[아이들의 문제 행동 및 생활 지도 안내]

✓ 문제 행동의 이해
문제 행동은 대부분 발달 단계에서 자연스럽게 나타나는 현상입니다.
아이들이 자신의 감정을 표현하고, 사회적 규칙을 배우는 과정에서 나타날 수 있습니다.

✓ 예시
감정 표현의 어려움으로 나타나는 짜증이나 울음
친구와의 놀이 중 발생하는 소유권 다툼
생활 습관(식사, 수면, 정리 등)에서의 거부 행동

✓ 기관의 지도 방안
긍정적 강화: 아이들의 바람직한 행동을 칭찬하고 격려하며, 스스로 긍정적인 선택을 하도록 유도
공감과 대화: 아이의 감정을 먼저 이해하고, 적절한 언어로 감정을 표현하도록 지도
일관된 규칙: 기관에서는 일관된 생활 규칙을 통해 안정감을 제공
역할 놀이 활용: 아이들과 함께 문제 상황을 재현하고, 올바른 행동 방식을 놀이를 통해 지도

✓ 가정에서의 협조 요청
일관성 있는 지도: 가정에서도 기관과 비슷한 생활 규칙을 적용해 주세요.
아이의 감정 이해: 문제 행동 뒤에 숨겨진 아이의 감정을 이해하고 공감해 주세요.
긍정적인 언어 사용: "하지 마!"보다는 "이렇게 해보자"와 같은 긍정적인 표현을 사용해 주세요.
교사와의 소통: 행동이 지속되거나 특별한 상황이 발생할 경우, 전문가인 담임교사와 상의해 주세요.

아이들의 문제 행동은 성장 과정에서 나타날 수 있는 자연스러운 현상입니다. 저희 기관은 학부모님과 함께 아이들의 행동을 이해하고, 건강한 방향으로 이끌어갈 수 있도록 최선을 다하겠습니다. 항상 따뜻한 관심과 협조에 감사드리며, 궁금한 점이나 요청 사항이 있으시면 언제든 문의해 주십시오.

감사합니다.

○○유치원/어린이집

40 새 학기 반 배정 및 반 구성 안내

안녕하십니까? 유치원/어린이집 원장입니다. 항상 저희 어린이집에 많은 관심과 애정을 보내주시는 학부모님께 감사드립니다. 다가오는 새 학기를 맞이하여, 아이들이 즐겁고 안정적인 환경에서 성장할 수 있도록 반 배정 및 구성을 완료하였습니다. 아래 내용을 참고해 주시기 바랍니다.

[새 학기 반 배정 및 구성 안내]

✔ 반 배정 기준

연령별 배정: 0000년 기준으로 원아의 만 나이를 기준으로 반을 배정하였습니다.

발달 및 적응 고려: 아이들의 발달 상태와 기관 생활 적응도를 고려하여 배정하였습니다.

형제·자매 배려: 형제·자매가 함께 재원 중인 경우, 부모님의 요청에 따라 최대한 배려하여 반을 배정하였습니다.

✔ 새 학기 반 구성(예시)

0세반: (반 이름: 해님반) 담임 교사: ○○ 선생님

1세반: (반 이름: 달님반) 담임 교사: △△ 선생님

2세반: (반 이름: 별님반) 담임 교사: □□ 선생님

3세반: (반 이름: 무지개반) 담임 교사: ◇◇ 선생님

✔ 반 구성 확인 및 문의

오리엔테이션을 통해 각 원아의 반 배정 결과를 안내드립니다.

배정된 반과 관련해 추가 문의가 있으시면 원장실로 연락 부탁드립니다.

아이가 새로운 반과 교사에 잘 적응할 수 있도록 긍정적인 대화를 나누어 주세요.

가정에서 특별히 요청하거나 주의해야 할 사항이 있을 경우, 담임 교사에게 미리 말씀해 주시면 감사하겠습니다. 아이들의 성장과 행복을 위해 최적의 환경을 제공하고자 반 배정을 신중히 진행하였습니다. 기관 차원이 결정 사항으로 부모님의 개인적인 이유로 반 배정을 변경하는 등의 요청은 수용하기 어려운 점 전달드립니다. 새 학기에도 학부모님과 적극 협력하여 아이들의 즐겁고 안전한 생활을 만들어갈 수 있도록 최선을 다하겠습니다.

감사합니다.

○○유치원/어린이집

41 학부모 의견 수렴 및 만족도 조사 안내

안녕하십니까? 유치원/어린이집 원장입니다. 항상 저희 기관을 믿고 소중한 자녀를 맡겨 주시는 학부모님께 깊은 감사의 말씀을 드립니다. 아이들의 행복하고 안전한 기관의 생활을 위해 학부모님의 소중한 의견을 수렴하고, 기관 운영의 개선 방향을 모색하고자 학부모 의견 수렴 및 만족도 조사를 진행합니다.

[학부모 의견 수렴 및 만족도 조사 안내]

✓ 조사 목적
  기관운영에 대한 학부모님의 솔직한 의견을 청취
  교육 프로그램, 환경, 교사와의 소통 등 다양한 영역에서의 만족도를 평가
  학부모님의 의견을 바탕으로 기관 운영 개선 및 발전 방안 모색

✓ 조사 기간 및 방법
  조사 기간: 0000년 00월 00일(0) ~ 00월 00일(00)
  조사 방법(택1)
  온라인 설문: 기관 공식 홈페이지 및 온라인 공지사항을 통한 링크 발송
  오프라인 설문: 설문지 배부 후 제출

✓ 조사 주요 내용
  교육 프로그램 및 활동: 보육 과정과 특별활동에 대한 만족도
  교사와의 소통: 학부모 상담 및 알림장 활용, 기타 소통 방법에 대한 만족도
  기관 환경: 시설 안전, 위생 상태, 놀이 환경
  기타 의견: 기관에 바라는 점, 개선 요청 사항

✓ 참여 방법
  온라인 설문 참여를 원하시는 부모님께서는 공지사항의 링크를 클릭하여 설문을 작성해 주세요.
  오프라인 설문 참여를 원하시는 부모님께서는 작성 후 담임 교사에게 제출 부탁드립니다.

이번 만족도 조사를 통해 학부모님과 기관이 함께 아이들에게 더 나은 환경을 제공할 수 있는 기회를 만들고자 합니다. 학부모님의 소중한 의견은 저희에게 큰 힘이 되며, 이를 바탕으로 기관에 운영에 적극 반영하여 더욱 성장하는 모습 보여드리겠습니다.
  감사합니다.

○○유치원/어린이집

42 원 운영위원회 모집 및 운영 안내

안녕하십니까? 유치원/어린이집 원장입니다.

저희 기관에서는 학부모님과 함께 투명하고 신뢰받는 기관을 운영하고자 운영위원회를 구성하여 원아들의 보육과 교육 환경 개선을 위해 협력하고 있습니다. 아래와 같이 운영위원회 모집 및 운영 안내를 드리오니, 많은 관심과 참여 부탁드립니다.

[운영위원회 모집 및 운영 안내]

✓ 운영위원회 목적
 - 기관 운영의 투명성과 신뢰성을 강화
 - 학부모님과 기관 간의 소통 창구 마련
 - 아이들에게 더 나은 교육 환경 제공을 위한 의견 수렴 및 실행

✓ 모집 대상 및 인원
 대상: 재원 원아의 학부모님
 모집 인원: 총 00명 (선착순 모집, 필요 시 추가 모집 가능)

✓ 운영위원 역할
 기관 운영의 주요 사항(교육 프로그램, 급식, 위생 등) 검토 및 의견 제시
 학부모 의견 수렴 및 전달
 행사 및 프로젝트에 대한 협력 및 지원

✓ 운영 일정 및 활동
 모집 기간: 0000년 00월 00일(0) ~ 00월 00일(0)
 활동 기간: 0000년 00월 ~ 0000년 00월 (1년간)
 회의 일정: 분기별 1회 정기 회의 및 필요 시 임시 회의
 활동 내용: 기관 운영 보고, 학부모 의견 공유, 개선 사항 논의

✓ 신청 방법 및 문의
 신청 방법: 첨부된 신청서를 작성하여 담임교사에게 제출
 문의 사항: 원장실 또는 담임교사에게 문의

✓ 참여 시 기대 효과
 학부모님의 의견이 기관 운영에 반영될 수 있는 기회
 아이들의 보육 및 교육 환경 개선에 직접 기여
 기관과 가정 간의 신뢰와 협력 강화

운영위원회는 기관과 가정이 함께 협력하여 아이들에게 더 나은 환경을 제공하기 위한 중요한 역할을 담당합니다. 관심 있는 부모님께서는 적극적으로 참여해 주시고, 함께 아이들의 행복과 성장을 위한 뜻깊은 시간을 만들어 가기를 기대합니다. 항상 저희 기관에 보내주시는 신뢰와 관심에 깊이 감사드리며, 운영위원회와 관련된 기타 궁금한 점이 있으시면 언제든 말씀해 주십시오. 감사합니다.

○○유치원/어린이집

43 부모 모니터링 결과 및 개선안 공유

안녕하십니까? 유치원/어린이집 원장입니다. 지난 부모 모니터링 프로그램에 적극적으로 참여해 주신 학부모님께 깊은 감사의 말씀을 드립니다. 부모님들께서 보내주신 소중한 의견을 바탕으로 기관 운영의 투명성을 강화하고, 아이들의 보육 및 교육 환경을 더욱 개선하고자 합니다.

아래는 부모 모니터링 결과 및 개선안에 대한 내용입니다.

[부모 모니터링 결과 공유]

✓ 모니터링 참여 현황
　참여 기간: 0000년 0월 0일(0) ~ 0월 00일(0)
　참여 학부모: 총 00명

✓ 주요 모니터링 항목
　교실 및 놀이 공간 관리 상태
　보육 및 교육 프로그램 운영 방식
　급식 및 간식 준비와 위생 상태
　교사와의 상호작용 및 아이들 지도 방식

✓ 긍정적인 피드백
　교사와 아이들의 상호작용: 교사들이 아이들에게 따뜻하고 적극적으로 다가가는 모습이 인상적
　시설 위생 및 안전: 놀이 공간과 급식 시설이 청결하게 유지되고 있음
　교육 프로그램 다양성: 아이들이 흥미롭게 참여할 수 있는 다양한 활동 제공

✓ 개선이 필요한 사항
　연령별 교육 자료 보강: 일부 학부모님의 의견으로, 연령별 맞춤형 교재와 교구의 보강 필요성을 제안
　소통 채널 강화: 부모님들과의 일상적인 소통을 더 강화하기 위한 방안 제시
　놀이 공간 활용: 야외 놀이 공간의 추가적인 활용 방안 필요

[개선안 및 실행 계획]

교육 자료 보강
- 연령별 발달 특성을 고려한 맞춤형 교재와 교구를 추가로 확보할 예정
- 0000년 0월까지 교구 보강 완료 후 부모님께 내용 공유

소통 채널 강화
- 월간 부모 소식지 발행: 기관의 주요 활동과 아이들의 일상을 학부모님께 정기적으로 전달
- 알림장 및 소통 시스템 활용 개선: 소통 강화를 위한 교육 및 알림 시스템 업그레이드

야외 놀이 공간 활용 확대
- 놀이 공간 안전 점검 후, 야외 놀이 활동 주간을 신설
- 0000년 0월부터 정기적인 야외 활동 일정 마련

이번 모니터링은 기관과 학부모님이 협력하여 아이들에게 최적의 환경을 제공하기 위한 중요한 과정이었습니다. 소중한 의견을 주신 모든 학부모님께 다시 한번 감사드리며, 제안해 주신 개선 사항을 바탕으로 더 나은 기관을 만들어 가겠습니다. 앞으로도 학부모님의 의견을 적극적으로 반영하고, 아이들의 행복한 성장을 위해 최선을 다하겠습니다. 감사합니다.

○○유치원/어린이집

44 계절별 체험 활동 등 우리 기관의 특성화 프로그램 안내

안녕하십니까? 유치원/어린이집 원장입니다.

저희 기관은 아이들이 자연과 사회를 탐구하며 계절의 변화를 체감하고, 다양한 경험을 통해 성장할 수 있도록 계절별 체험 활동과 특성화 프로그램을 운영하고 있습니다. 아래는 각 계절별 체험 활동과 우리 기관의 특성화 프로그램에 대한 안내입니다. 학부모님의 많은 관심과 참여 부탁드립니다.

[계절별 체험 활동 안내] (예시)

봄: 자연 탐험 활동
활동명: "새싹의 소리, 봄을 느껴요!"
주요 활동:
텃밭에서 씨앗 심기 및 식물 관찰
봄꽃 모으기 및 꽃잎 공예
주변 자연 환경 산책과 봄의 변화 느끼기

여름: 물놀이와 여름 놀이
활동명: "시원한 여름, 물놀이 친구들!"
주요 활동:
야외 물놀이 및 물총 게임
여름 과일 요리 활동 (수박 화채 만들기 등)
나만의 부채 만들기

가을: 수확 체험 및 계절 탐구
활동명: "가을의 선물, 함께 나눠요!"
주요 활동:
어린이집 텃밭 수확 체험 (고구마, 옥수수 등)
가을 나뭇잎과 열매를 활용한 공예 활동

추수 감사 놀이와 축제

겨울: 겨울놀이와 따뜻한 체험
활동명: "따뜻한 겨울, 함께 놀아요!"
주요 활동:
눈 놀이(눈송이 만들기, 눈사람 꾸미기 등)
겨울 간식 만들기 (호떡, 군밤 등)
크리스마스와 연말 행사 준비

[특성화 프로그램 안내]

자연친화 교육

✓ 매주 텃밭 활동과 계절별 자연 탐구 활동을 통해 자연 속에서의 배움을 강조합니다.

✓ 아이들이 직접 가꾸고 수확한 식재료를 활용한 요리 활동을 진행합니다.

창의력 발달 프로그램

✓ 미술과 공예 활동을 통해 아이들의 창의력과 표현력을 키웁니다.

✓ 연령별 맞춤형 음악 및 동작 활동으로 신체와 정서를 조화롭게 발달시킵니다.

문화 체험 프로그램

✓ 전통 문화 체험과 다양한 나라의 문화를 배울 수 있는 다문화 활동을 제공합니다.

지역사회 연계 활동

✓ 지역 내 시설 방문 및 행사 참여를 통해 공동체 의식을 키웁니다.

✓ 지역 전문가를 초청하여 아이들에게 다양한 경험을 제공합니다.

[학부모님께 드리는 요청 사항]

각 체험 활동 및 프로그램 참여를 위해 필요한 준비물과 안내 사항은 알림장을 통해 개별적으로 안내드리겠습니다. 프로그램 참여에 대한 의견이나 추가 제안 사항이 있으시면 언제든 말씀해 주세요.

저희 기관은 아이들이 계절의 변화를 느끼고, 다양한 체험과 놀이를 통해 더욱 행복하게 성장할 수 있도록 노력하고 있습니다. 앞으로도 학부모님과 함께 아이들의 즐겁고 의미 있는 하루를 만들어 가겠습니다. 감사합니다.

○○유치원/어린이집

45 부모 참여 간담회 및 원 운영 계획 안내

안녕하십니까? 유치원/어린이집 원장입니다. 저희 기관에서는 학부모님과의 소통을 강화하고, 기관 운영에 대한 정보를 투명하게 공유하기 위해 부모 참여 간담회를 개최하고자 합니다. 이번 간담회는 기관의 운영 계획을 함께 나누고, 학부모님의 의견을 수렴하여 더 나은 보육 환경을 만들어 가기 위한 중요한 자리입니다. 아래 내용을 참고하시어 많은 관심과 참여 부탁드립니다.

[부모 참여 간담회 및 운영 계획 안내]

간담회 개요

일시: 0000년 00월 00일(0) 오후 00시 ~ 00시

장소: ○○ 다목적실/ 대상: 전 원아 학부모

간담회 주요 내용

- 0000년 교육 프로그램 및 특별활동 계획

- 계절별 체험 활동 및 행사 일정, 건강 및 안전 관리 방안

- 운영비 및 필요 경비 사용 내역 공유: 투명한 경비 집행 현황 보고

- 기타 부모 의견 수렴: 기관 운영에 대한 건의 사항 및 제안 접수 및 가정과의 협력 방안 논의

- Q&A 시간: 부모님들의 질문에 대한 원장의 답변

✓ 참여 신청 안내

　신청 방법: 신청서를 통해 참석 여부를 작성하여 담임교사에게 제출

　신청 마감: 0000년 0월 0일(0)

간담회에 참석해 주셔서 가정과 기관이 함께 협력할 수 있는 소중한 시간에 함께 해 주세요. 참석하지 못하시더라도 제안하고 싶은 사항이 있으시면 사전에 담임교사에게 알려주시면 준비에 반영하겠습니다. 이번 간담회는 기관 운영의 방향을 공유하고, 학부모님과 함께 아이들의 성장과 행복을 위해 협력할 수 있는 귀중한 시간입니다. 바쁘시더라도 꼭 참석하셔서 소중한 의견을 나누어 주시길 바랍니다. 감사합니다.

○○유치원/어린이집

46 지역사회 연계 프로그램 참여 안내 (도서관, 박물관, 소방서, 경찰서 등)

안녕하십니까? 유치원/어린이집 원장입니다. 아이들이 지역사회의 다양한 기관을 직접 경험하며 새로운 배움을 얻을 수 있도록, 저희 기관에서는 지역사회 연계 프로그램을 운영하고 있습니다.

이번 프로그램은 아이들이 도서관, 박물관, 소방서, 경찰서 등 다양한 기관을 방문하며 주변 환경과 사회의 역할을 배우는 기회가 될 것입니다. 학부모님의 많은 관심과 협조 부탁드립니다.

[지역사회 연계 프로그램 일정 및 안내]

✓ 프로그램 개요

대상: O세 이상 원아 (연령별 맞춤 활동 제공)

기간: OOOO년 O월 ~ O월 (기관별 일정에 따라 진행)

참여 장소 및 활동 내용

기관	일시	활동 내용
도서관	O월 OO일(O)	그림책 읽기, 도서관 이용 예절 배우기
박물관	O월 OO일(O)	전시 관람 및 유물 탐구 활동
소방서	O월 OO일(O)	화재 예방 교육 및 소방차 체험
경찰서	O월 OO일(O)	교통 안전 교육 및 경찰 역할 배우기

✓ 프로그램 목적

아이들이 지역사회의 다양한 역할과 기능을 이해

새로운 환경을 탐험하며 호기심과 학습 동기를 키움

공공기관 방문을 통해 예절과 규칙을 배우고 실천

✓ 준비물 및 유의 사항

준비물: 편안한 복장과 운동화 착용, 물병과 작은 간식 (알레르기 유의)

✓ 유의 사항: 방문 당일 아침, 아이의 건강 상태를 확인해 주십시오.

알레르기나 특이사항이 있을 경우 사전에 담임교사에게 알려주시기 바랍니다.

✓ 학부모님께 드리는 요청 사항

프로그램 참여를 위한 동의서를 작성하여 제출해 주세요.

행사 일정에 따라 차량 이동이 필요할 수 있습니다. 차량 이용 시 안전을 위해 아이들에게 차량 예절을 지도 부탁드립니다.

이번 지역사회 연계 프로그램은 아이들에게 흥미로운 학습 기회를 제공하고, 지역사회와의 연계를 강화하는 중요한 시간이 될 것입니다. 학부모님의 관심과 협조가 아이들의 경험을 더욱 풍요롭게 만들어 줄 것입니다. 기타 문의 사항이 있으시면 언제든 연락 주세요. 감사합니다.

○○유치원/어린이집

47 바자회 운영 및 행사 기금 기부 예정 안내

안녕하십니까? 유치원/어린이집 원장입니다. 아이들과 학부모님이 함께 소통하고 나눔의 의미를 배우는 특별한 시간을 마련하고자 바자회 운영을 계획하였습니다. 이번 바자회는 기관과 가정이 협력하여 운영되며, 행사 수익금은 지역사회와 어려운 이웃을 돕는 데 사용될 예정입니다. 학부모님의 많은 관심과 적극적인 참여 부탁드립니다.

[바자회 운영 및 행사 기금 기부 안내]

✓ 행사 개요
　일시: 0000년 0월 00일(0) 오전 00시 ~ 오후 00시
　장소: ○○유치원/어린이집 야외 놀이터 및 다목적실
　대상: 재원 원아, 학부모님, 지역 주민 등

✓ 바자회 주요 내용
　판매 품목:
　아이들의 중고 도서 및 장난감, 학부모님이 기증한 가정용품, 소형 가전제품 등
　기관에서 준비한 간식 및 소품

✓ 이벤트 활동:
　아이들과 함께하는 즉석 공예 활동
　원아들이 직접 참여하는 판매 체험
　가족 사진 촬영 부스

✓ 기금 기부 계획
　바자회 수익금은 전액 지역사회 복지기관 및 도움이 필요한 이웃에게 기부될 예정입니다.
　기부처 및 기부 내역은 바자회 종료 후 학부모님께 투명하게 공개드릴 예정입니다.

✓ 학부모님의 참여 방법
　기증 물품:
　사용하지 않는 도서, 장난감, 의류, 소형 가전 등 상태가 양호한 물품을 기증해 주세요.
　기증 기간: 0000년 00월 00일(0) ~ 00월 00일(0)
　행사 당일:
　아이들과 함께 바자회에 참석하여 물품 구매 및 활동에 참여해 주세요.

✓ 준비물 및 유의 사항
　행사 당일, 야외 활동에 적합한 편안한 복장을 착용해 주세요. 기증 물품은 청결 및 작동 상태를 확인하여 기증 부탁드립니다. 모든 수익금은 기관 명의로 기부되며, 학부모님의 협조를 통해 투명하고 공정하게 운영 됩니다.

이번 바자회는 아이들과 학부모님, 지역사회가 함께 어울려 나눔의 기쁨을 체험하는 소중한 시간이 될 것입니다. 학부모님의 적극적인 참여와 협력이 바자회를 더욱 뜻깊은 행사로 만들어 줄 것입니다. 항상 저희 기관을 믿고 협력해 주시는 학부모님께 깊이 감사드리며, 기타 문의 사항이 있으시면 언제든 연락 주십시오. 감사합니다.

○○유치원/어린이집

48 부모 봉사활동 참여 안내 (환경 정화, 기관 행사 지원 등)

안녕하십니까? 유치원/어린이집 원장입니다. 저희 기관은 학부모님과 함께 아이들이 안전하고 건강하게 자랄 수 있는 환경을 조성하고자 노력하고 있습니다.

이를 위해 학부모님과 함께하는 부모 봉사활동을 운영하고자 하오니, 많은 관심과 참여 부탁드립니다.

[부모 봉사활동 안내]

✓ 봉사활동 목적
  아이들에게 쾌적하고 안전한 환경을 제공
  기관과 가정 간의 협력 강화
  학부모님의 참여를 통해 공동체 의식을 키우는 기회 제공

✓ 봉사활동 주요 내용
  환경 정화 활동: 기관 주변 및 야외 놀이터 청소
  기관 행사 지원: 기관 행사 준비 및 진행 보조 (바자회, 체험 활동 등)
  교구 및 장난감 정리: 기관의 공동 놀이실, 교실 내 정리 및 소독 활동

✓ 봉사활동 일정 및 참여 방법
  - 활동 일정
   0000년 00월 00일(0): 환경 정화 활동
   0000년 00월 00일(0): 바자회 준비 및 진행 지원
   0000년 00월 00일(0): 교구 및 장난감 정리
  - 참여 방법
   신청서를 통해 참여 희망 활동과 일정을 작성하여 담임교사에게 제출
  - 신청 마감: 각 활동 날짜 0일 전까지

✓ 준비물 안내
  활동에 적합한 편안한 복장과 장갑
  활동에 필요한 기본 장비는 어린이집에서 제공

부모 봉사활동은 기관과 가정이 협력하여 아이들에게 더 나은 환경을 제공할 수 있는 소중한 기회입니다. 학부모님의 적극적인 참여와 협력이 기관 운영에 큰 힘이 됩니다. 궁금한 점이나 추가 문의 사항이 있으시면 언제든 연락 주십시오. 감사합니다.

○○유치원/어린이집

49 학부모 대상 특강 및 전문가 초청 강연 안내

안녕하십니까? 유치원/어린이집 원장입니다.

아이들의 성장과 발달을 돕기 위해 부모님의 역할은 무엇보다 중요합니다.

이를 지원하고자 저희 기관에서는 학부모님을 위한 특강 및 전문가 초청 강연을 준비하였습니다.

아이들과의 소통과 양육에 실질적인 도움이 될 수 있는 강연이 될 예정이니 많은 관심과 참여 부탁드립니다.

[학부모 대상 특강 및 강연 안내]

✓ 강연 개요

일시: 0000년 00월 00일(0) 오후 00시 ~ 00시

장소: ○○유치원/어린이집 대강당

대상: 유치원/어린이집 원아 학부모님

✓ 강연 주제 및 강사 소개(예시)

주제: "우리 아이 마음 읽기 – 긍정적 양육과 소통의 시작"

강사: ○○대학교 아동심리학과 △△ 교수

경력: 아동심리 및 부모교육 전문가, 다수의 부모교육 세미나 진행

주요 저서: 《아이의 마음을 이해하는 법》

✓ 강연 주요 내용

- 아이의 발달 단계별 정서 이해

- 효과적인 소통 방법과 부모의 역할

- 문제 행동 지도와 긍정적 강화 방법

- 부모와 아이 모두에게 도움이 되는 실질적 사례와 팁

✓ 특강 참여 준비 사항

강연 자료는 당일 제공됩니다.

필기구와 간단한 음료를 지참하시면 좋습니다.

이번 특강은 부모님께 실질적인 도움을 드리고, 아이들의 행복한 성장을 함께 고민하는 뜻깊은 시간이 될 것입니다. 많은 학부모님의 참여를 기대하며, 궁금한 점이 있으시면 언제든 유치원/어린이집으로 문의해 주십시오. 감사합니다.

○○유치원/어린이집

50 부모 참여 동아리(음악, 미술, 독서 등) 프로그램 안내

안녕하십니까? 유치원/어린이집 원장입니다. 저희 기관에서는 학부모님과 아이들이 함께 즐기며 교감할 수 있는 부모 참여 동아리 프로그램을 운영하고자 합니다. 음악, 미술, 독서 등 다양한 분야의 활동을 통해 부모님들께서도 아이들과 함께 특별한 시간을 보내시길 바랍니다. 많은 관심과 참여 부탁드립니다.

[부모 참여 동아리 프로그램 안내]

✓ 운영 개요
　　대상: 재원 원아 학부모님, 조부모님
　　운영 기간: 0000년 0월 ~ 00월 (월 0회 정기 모임)
　　참가비: 무료 (재료비 일부 개인 부담)
　　운영 장소: 기관 다목적실 및 교실

✓ 동아리 종류 및 활동 내용
　　1) 음악 동아리
　　　활동: 악기 연주, 노래 만들기, 간단한 음악 공연 준비
　　2) 미술 동아리
　　　활동: 창의적 공예, 작품 제작, 전시 준비
　　3) 독서 동아리:
　　　활동: 그림책 읽기와 스토리텔링, 아이들의 책 추천, 독서 토론

✓ 운영 일정

동아리	운영일	시간
음악 동아리	매월 0째 주 0요일	오후 0시 ~ 0시
미술 동아리	매월 0째 주 0요일	오후 0시 ~ 0시
독서 동아리	매월 0째 주 0요일	오후 0시 ~ 0시

✓ 참여 신청 방법 및 마감
　　신청 방법: 동아리 신청서를 작성하여 담임교사에게 제출
　　신청 마감: 0000년 00월 00일(0)
　　동아리별 정원이 제한되어 있으니 빠른 신청 부탁드립니다.

✓ 참여 시 준비물 안내
　　각 동아리 활동에 필요한 준비물은 사전에 알림장을 통해 안내드리겠습니다.
　　별도의 개인 준비물이 필요한 경우, 개별적으로 연락드릴 예정입니다.

부모 참여 동아리는 학부모님이 기관에 아이들을 보내며 공감대를 형성하고 함께 배우는 즐거움을 경험할 수 있는 특별한 시간을 보낼 기회를 제공하며, 기관과 가정 간, 학부모 간의 유대를 강화하는 프로그램입니다. 많은 관심과 참여를 부탁드리며, 기타 궁금한 사항이 있으시면 언제든 문의해 주십시오. 감사합니다.

○○유치원/어린이집

51 다문화 가정 지원 프로그램 일정 및 관련 기관 안내

안녕하십니까? 유치원/어린이집 원장입니다. 저희 기관은 다문화 가정을 위한 지원 프로그램을 통해 다양한 문화와 배경을 가진 아이들과 부모님이 함께 어우러질 수 있도록 돕고 있습니다.

아래는 다문화 가정을 위한 지원 프로그램 일정과 관련 기관 정보를 안내드립니다. 학부모님의 많은 관심과 참여 부탁드립니다.

[다문화 가정 지원 프로그램 안내]

✓ 운영 개요

대상: 다문화 가정 원아와 학부모님

목적: 다양한 문화적 배경을 이해하고 존중하는 환경 조성

가정과 기관 간의 원활한 소통 지원

학부모님의 자녀 양육과 기관 생활 적응을 돕기 위한 정보 제공

프로그램 일정 및 내용

일시	프로그램 내용	장소
0000년 00월 00일	환영회: 부모님과 아이들이 함께하는 모임	대강당
0000년 00월 00일	다문화 요리 교실: 함께 만드는 세계 음식 체험	○○반 교실
0000년 00월 00일	다문화 축제: 전통 의상과 놀이 소개 및 체험	야외 놀이터

✓ 프로그램 참여 신청 방법

신청 방법: 신청서를 작성하여 담임교사에게 제출

신청 마감: 각 프로그램 시작 10일 전

참여 시 제공되는 지원 : 프로그램 참여비 전액 무료

[관련 기관 안내]

1) 다문화 가족 지원 센터

주소: ○○시 ○○구 ○○로 ○○○

전화: ○○-○○○-○○○○

주요 서비스: 한국어 교육 및 통번역 지원, 가족 상담 및 부모 교육 프로그램 운영

다문화 가정 네트워크 구축

2) 지역 주민센터 다문화 지원팀

주소: ○○구 ○○센터 ○층

전화: ○○-○○○-○○○○

주요 서비스: 다문화 가정 생활 정보 제공, 지역 행사 및 커뮤니티 참여 지원

3) 다문화 아동 발달 지원센터

주소: ○○시 ○○동 ○○길 ○○

전화: ○○-○○○-○○○○

주요 서비스: 아동 발달 상태 점검 및 맞춤형 프로그램 제공, 놀이 치료 및 언어 발달 프로그램

저희 기관은 다문화 가정이 기관과 지역사회에서 안정적이고 행복한 생활을 할 수 있도록 최선을 다해 지원하겠습니다. 추가적인 문의 사항이나 도움이 필요하시면 언제든 연락 주십시오.

감사합니다.

○○유치원/어린이집

52 전통 놀이 체험 행사 운영 및 조부모 초청 안내

안녕하십니까? 유치원/어린이집 원장입니다.

아이들이 우리 전통문화를 배우고, 가족 간의 사랑과 소통을 느낄 수 있는 전통 놀이 체험 행사를 준비하였습니다. 이번 행사에서는 조부모님을 특별히 초청하여 아이들과 함께 즐겁고 따뜻한 시간을 보낼 수 있도록 마련하였습니다. 학부모님과 조부모님의 많은 관심과 참여 부탁드립니다.

[전통 놀이 체험 행사 및 조부모 초청 안내]

✔ 행사 개요

일시: 0000년 00월 00일(0) 오전 00시 ~ 오후 00시

장소: ○○유치원/어린이집 야외 놀이터 및 대강당

대상: 전 원아, 학부모님, 조부모님

✔ 행사 주요 내용(예시)

00:00 ~ 00:00	개회식 및 전통문화 소개
00:00 ~ 00:00	전통 놀이 체험 (투호, 딱지치기 등)
00:00 ~ 00:00	조부모님과 함께하는 놀이 및 만들기
00:00 ~ 00:00	가족 소통 시간 및 소감 나누기
00:00 ~ 00:00	폐회식 및 기념 촬영

✔ 참여 신청 안내

신청 방법: 신청서를 작성하여 담임교사에게 제출

신청 마감: 0000년 0월 0일(0)

참가비: 무료 (기관에서 준비한 재료 및 다과 제공)

✔ 준비물 및 유의 사항

아이들과 조부모님이 편안하게 활동할 수 있는 복장과 운동화 착용 부탁드립니다.

체험 중 조부모님이 불편하지 않도록 아이들이 예의를 지킬 수 있도록 지도 부탁드립니다.

날씨에 따라 야외 활동이 변경될 수 있으며, 변경 시 사전에 안내드리겠습니다.

이번 전통 놀이 체험 행사는 아이들이 우리의 전통문화를 자연스럽게 배우고, 조부모님과 함께하는 특별한 추억을 만들 수 있는 소중한 시간입니다. 많은 관심과 참여를 부탁드리며, 기타 문의 사항이 있으시면 언제든 연락 주십시오. 감사합니다.

○○유치원/어린이집

53 부모님과 함께하는 계절 축제(가을, 크리스마스 등) 일정 안내

안녕하십니까? 유치원/어린이집 원장입니다.

아이들이 계절의 변화와 특별한 날의 의미를 배우며 즐거운 추억을 쌓을 수 있도록, 저희 기관에서는 계절 축제를 준비하였습니다. 이번 축제는 아이들과 학부모님이 함께 계절의 아름다움을 만끽하며 소중한 시간을 보내는 특별한 기회가 될 것입니다.

[계절 축제 일정 및 안내](예시)

1. 가을 축제: 풍성한 가을 나들이

    일시: 0000년 00월 00일(0) 오전 00시 ~ 오후 0시

    장소: ○○유치원/어린이집 놀이터 및 강당

    주요 프로그램:

    - 가을 수확 체험 (고구마 캐기, 텃밭 채소 수확)

    - 가을 나뭇잎 공예 활동

    - 추수 감사 놀이와 퍼레이드

    - 계절 간식 나눔 (군고구마, 호박죽 등)

2. 크리스마스 축제: 행복한 겨울 이야기

    일시: 0000년 00월 00일(0) 오전 00시 ~ 오후 0시

    장소: ○○유치원/어린이집 대강당 및 각 반 교실

    주요 프로그램:

    - 크리스마스 트리 꾸미기

    - 산타와 함께하는 선물 나누기

    - 겨울 동화 읽기와 아이들의 합창 공연

    - 크리스마스 간식 파티 (쿠키와 겨울 간식)

    아이들과의 활동이 원활하게 이루어질 수 있도록 정해진 시간에 맞추어 도착 부탁드립니다.

기후와 상황에 따라 행사 일정이 변경될 수 있으며, 변경 시 사전에 안내드립니다.

이번 계절 축제는 아이들이 계절의 변화를 느끼고, 가족과 친구들과 함께 특별한 경험을 통해 행복한 추억을 만드는 시간이 될 것입니다. 또한 자연을 이해하고, 나눔과 협력의 가치를 배우는 의미 있는 기회가 될 것입니다. 항상 기관의 활동에 관심과 사랑을 보내주시는 학부모님께 깊이 감사드리며, 궁금한 점이나 문의 사항이 있으시면 언제든 연락주세요. 감사합니다.

○○유치원/어린이집

54 가족과 함께 하는 가을 숲 운동회, 체험활동 안내

안녕하십니까? 유치원/어린이집 원장입니다. 선선한 가을 바람과 함께 아이들과 가족이 즐겁게 어우러지는 가을 숲 운동회 및 체험활동을 준비하였습니다. 이번 행사는 가족이 함께 자연을 느끼고, 아이들과 소중한 추억을 쌓을 수 있는 특별한 시간입니다. 학부모님과 가족 모두의 많은 관심과 참여 부탁드립니다.

[가을 숲 운동회 및 체험활동 안내]

✓ 행사 개요
  일시: 0000년 00월 00일(0) 오전 00시 ~ 오후 00시
  장소: ○○숲 공원 잔디밭 및 체험 부스
  대상: 유치원/어린이집 원아 및 가족

✓ 행사 주요 프로그램

시간	활동	장소
00:00 ~ 00:00	개회식 및 운영 안내	중앙 무대
00:00 ~ 00:00	팀 구성 및 인사	잔디 운동장
00:00 ~ 00:00	가족 운동회 - 순서지 참조	잔디 운동장
00:00 ~ 00:00	점심 및 휴식	피크닉 존
00:00 ~ 00:00	숲 체험 활동 - 순서지 참조	체험 코스 및 부스

✓ 참여 신청 및 준비물 안내
  신청 방법: 신청서를 작성하여 담임교사에게 제출
  신청 마감: 0000년 00월 00일(0)
  준비물: 가족별 돗자리 및 간단한 도시락, 아이들과 편안히 활동할 수 있는 복장과 운동화 착용
  물병과 간단한 간식 (알레르기 주의)

✓ 유의 사항

운동회 및 체험활동 중 안전사고 방지를 위해 보호자가 반드시 동행해야 합니다.

주차 공간이 협소하니 가급적 대중교통을 이용 부탁드립니다.

기상 악화 시 행사는 실내로 변경되며, 변경 사항은 사전에 안내드리겠습니다.

이번 가을 숲 운동회와 체험활동은 아이들과 가족 모두가 함께 즐기며 소통할 수 있는 특별한 행사입니다. 많은 관심과 참여로 아이들에게 즐거운 추억을 선물해 주시길 바랍니다. 기타 문의 사항이 있으시면 언제든 연락 주십시오. 감사합니다.

○○유치원/어린이집

55 부모 참여 1일 강사 프로그램 신청 안내

안녕하십니까? 유치원/어린이집 원장입니다.

저희 기관에서는 학부모님과 함께하는 특별한 시간을 마련하기 위해 부모 참여 1일 강사 프로그램을 운영하고자 합니다. 부모님이 가진 재능과 경험을 아이들과 나누며 소중한 추억을 만들 수 있는 기회이니 많은 관심과 참여 부탁드립니다.

[부모 참여 1일 강사 프로그램 안내]

✓ 프로그램 개요

대상: 유치원/어린이집 재원 원아의 학부모님

운영 기간: 0000년 0월 ~ 0월(매월 0회 진행)

장소: 유치원/어린이집 다목적실 또는 교실

강의 주제 및 활동 예시

전문 분야 강의: 학부모님의 직업, 전공, 취미를 기반으로 한 활동

예: "의사가 들려주는 우리 몸 이야기", "요리사가 함께하는 쿠킹 클래스"

창의적 놀이 활동:

예: 미술 공예, 음악 활동, 과학 실험 등

문화 체험:

예: 전통 놀이, 다문화 체험 이야기

✓ 신청 및 운영 방식

신청 방법: 신청서를 작성하여 담임교사에게 제출

신청 마감: 프로그램 시작 2주 전

운영 방식: 기관과 협의 후 강의 계획을 확정하며, 필요한 준비물은 기관에서 지원

✓ 강사로 참여 시 제공되는 혜택

유치원/어린이집 명의의 1일 강사 수료증 수여

프로그램 종료 후, 감사 선물 증정

✓ 유의 사항

수업 및 활동 내용은 아이들의 연령과 발달 단계를 고려하여 준비해 주시면 감사하겠습니다.

필요 시 기관에서 사전 준비와 자료 제공을 도와드리겠습니다.

아이들과 함께하는 활동 특성상 안전이 최우선이므로 관련 내용을 함께 논의합니다.

부모 참여 1일 강사 프로그램은 학부모님의 재능과 경험이 아이들의 학습과 성장에 직접적으로 기여할 수 있는 특별한 기회입니다. 아이들과 함께하는 소중한 시간을 만들어 주실 학부모님의 많은 참여를 부탁드립니다. 기타 문의 사항이 있으시면 언제든 연락 주십시오. 감사합니다.

○○유치원/어린이집

56 졸업 및 수료 행사 일정 안내

안녕하십니까? 유치원/어린이집 원장입니다. 유치원/어린이집 생활의 소중한 한 페이지를 마무리하며, 졸업 및 수료를 축하하는 특별한 행사를 준비하였습니다. 아이들이 함께했던 시간들을 추억하고, 새로운 시작을 축하하는 뜻깊은 자리가 될 이번 행사에 학부모님의 많은 관심과 참여 부탁드립니다.

[졸업 및 수료 행사 일정 안내]

✓ 행사 개요

일시: 0000년 0월 00일(0) 오전 00시 ~ 오후 00시

장소: ○○유치원/어린이집 다목적실

대상: 졸업 및 수료 원아와 학부모님

✓ 행사 주요 내용

개회식: 유치원/어린이집 생활을 돌아보는 영상 상영

원장님의 축사와 졸업 축하 메시지

졸업 및 수료식: 졸업장 및 수료증 수여, 아이들의 소감 발표

축하 공연: 아이들이 준비한 노래와 율동 공연

부모님과의 시간: 아이들과 부모님이 함께하는 감사 편지 낭독

폐회식 및 기념 촬영: 단체 사진 및 가족 사진 촬영

✓ 준비물 안내

아이들은 행사 당일 유치원/어린이집에서 준비한 졸업/수료 의상을 착용합니다.

부모님께서는 긴 시간 행사 참여에 불편하지 않도록 편안한 신발을 착용해 주시기 바랍니다.

행사 후 간단한 다과가 제공될 예정이니 별도의 준비는 필요 없습니다.

✓ 학부모님께 드리는 요청 사항

행사장에서는 다른 가족과의 조화를 위해 정숙과 예의를 지켜 주시기 바랍니다.

행사 시작 10분 전까지 착석해 주시면 감사하겠습니다. 개인 사진 및 영상 촬영은 허용되며, 아이들의 집중을 위해 무대 앞 자리로 나오시는 것은 자제 부탁드립니다.

아이들이 새로운 여정을 시작하는 의미 있는 날을 학부모님과 함께 축하할 수 있어 기쁘게 생각합니다.

졸업과 수료의 기쁨을 함께 나누며, 아이들의 밝은 미래를 응원해 주시기를 바랍니다. 기타 문의 사항이나 요청 사항이 있으시면 언제든 연락 주세요.감사합니다.

○○유치원/어린이집

57 졸업 시 원장님 편지 및 감사 인사

안녕하십니까? 유치원/어린이집 원장입니다.

새로운 출발을 앞두고 아이들과 학부모님께 따뜻한 감사와 축하의 마음을 전합니다. 졸업을 맞이한 소중한 아이들이 여기까지 잘 자라 올 수 있도록 늘 믿고 응원해 주신 학부모님께 깊이 감사드립니다.

[아이들에게 보내는 축하 메시지]

사랑하는 OOO의 친구들에게,

우리 유치원/어린이집에서의 추억을 마무리하는 시간이 찾아왔구나.

처음 기관에 왔을 때 낯설고 조심스러웠던 너희가 이제는 환하게 웃으며 친구들과 어울리고, 스스로 많은 것을 할 수 있게 된 모습을 보며 선생님들과 원장님은 얼마나 기뻤는지 모른단다.

이제 새로운 곳에서 더 멋진 꿈을 꾸고, 더 넓은 세상으로 나아가게 될 너희를 진심으로 응원한단다.

유치원/어린이집에서 배운 용기와 따뜻한 마음을 잊지 않고, 멋지게 성장해 가길 바바란다.

너희는 언제나 원장님과 선생님들의 자랑이자 행복이란 걸 잊지 않길 바란다. 졸업을 진심으로 축하해요!

[학부모님께 드리는 감사 인사]

존경하는 학부모님께,

아이들의 성장 과정에서 함께 울고 웃으며 응원해 주신 학부모님들께 진심으로 감사의 인사를 전합니다. 아이들이 한 걸음씩 성장할 수 있었던 것은 부모님의 사랑과 헌신, 그리고 저희 기관에 대한 깊은 신뢰 덕분이었습니다. 아이들이 졸업 후에도 어디서나 행복하고 건강하게 자라날 수 있도록 저희 교직원 모두가 늘 응원하겠습니다. 저희 기관에서의 시간이 아이들과 부모님께 좋은 추억으로 남길 바라며, 앞으로도 아이들의 여정에 많은 축복이 함께하길 기원합니다.

졸업은 끝이 아니라 새로운 시작입니다. 아이들의 빛나는 미래를 응원하며, 저희 기관에서 함께했던 소중한 시간들을 잊지 않고 가슴 깊이 간직하겠습니다. 다시 한번 진심으로 감사드리며, 항상 건강과 행복이 가득하시길 바랍니다. 감사합니다.

○○유치원/어린이집

58 졸업/수료 여행 프로그램 운영 안내

안녕하십니까? 유치원/어린이집 원장입니다. 아이들의 졸업과 수료를 축하하며, 함께했던 시간을 의미 있게 마무리하고자 졸업/수료 여행 프로그램을 준비하였습니다.

이번 여행은 아이들이 자연과 교감하고, 친구들과 소중한 추억을 만드는 특별한 시간이 될 것입니다. 학부모님의 많은 관심과 협조 부탁드립니다.

[졸업/수료 여행 프로그램 안내]

✓ 여행 개요
  일시: 0000년 00월 00일(0) 오전 00시 ~ 오후 0시
  장소: ○○체험 센터
  대상: 졸업 및 수료 원아

✓ 주요 활동 일정

시간	활동 내용	장소
00:00 ~ 00:00	집합 및 차량 탑승	
00:00 ~ 00:00	센터 도착 및 활동	센터 내 1체험관
00:00 ~ 00:00	점심 식사 및 휴식	점심 식사 공간 및 카페테리아
00:00 ~ 00:00	자유 시간 후 놀이 활동	센터 내 외부 활동장
00:00 ~ 00:00	복귀	

✓ 준비물 안내
  아이들: 편안한 복장 및 운동화, 물병과 작은 가방 (이름 기재), 담임교사 요청 시 간단한 여벌 옷

✓ 안전 관리
  담임 교사와 보조 교사가 아이들과 함께하며, 체험 활동 내내 세심히 관찰합니다.
  여행 당일 유치원/어린이집 보험이 적용되며, 차량 및 활동 안전 점검을 철저히 진행합니다.
  이번 졸업/수료 여행은 아이들에게 즐겁고 뜻깊은 경험을 제공하기 위해 신중히 준비되었습니다.

부모님들께서도 많은 관심과 협조를 부탁드리며, 궁금한 점이 있으시면 언제든 기관으로 연락 주시기 바랍니다. 감사합니다.

○○유치원/어린이집

59 교구 및 원 환경 개선 공사 안내

안녕하십니까? 유치원/어린이집 원장입니다. 아이들이 안전하고 쾌적한 환경에서 성장할 수 있도록 저희 기관에서는 교구 및 원 환경 개선 프로젝트를 추진하고자 합니다.

본 프로젝트는 아이들의 창의력과 학습 효과를 높이고, 더 나은 보육 환경을 제공하기 위한 목적으로 계획되었습니다. 학부모님의 많은 관심과 협조 부탁드립니다.

[교구 및 원 환경 개선 공사 안내]

✓ 프로젝트 개요
  목적: 아이들에게 안전하고 창의적인 학습 및 놀이 환경 제공
  노후화된 교구 및 시설 개선
  지속 가능한 환경을 고려한 친환경 원 운영
  기간: 0000년 0월 ~ 0월
  대상: 기관 내 설비 및 교구, 교실 환경, 놀이 공간 등

✓ 개선 사항
  교구 교체 및 추가: 연령별 발달에 맞는 창의적 학습 교구 보강
  기존 노후화된 교구 교체 및 정리
  교실 및 놀이 공간 환경 개선: 교실 내부 조명 및 벽면 보수
  야외 놀이 공간 점검 및 놀이 기구 정비

진행 상황은 월별 소식지를 통해 안내드릴 예정입니다. 개선 완료 후 학부모님께 결과 보고 및 모니터링 프로그램을 운영하여 새로운 환경을 직접 체험하실 수 있도록 준비하겠습니다.

이번 환경 보수 및 공사는 아이들의 성장과 학습을 더욱 풍요롭게 하기 위한 소중한 기회입니다. 아이들의 기관 이용에 어려움과 불편을 없애고 안전을 최우선으로 하기 위한 운영 내용이오니, 적극적으로 협조해 주시기 바랍니다. 학부모님의 따뜻한 관심과 협조가 아이들에게 더욱 좋은 환경을 만들어 줄 것입니다. 해당 내용과 관련하여 궁금한 사항이 있으시면 문의 주십시오. 감사합니다.

○○유치원/어린이집

안녕하십니까? 유치원/어린이집 원장입니다.

새학기를 맞아 학부모님과 아이들이 어린이집 생활에 잘 적응할 수 있도록 새학기 오리엔테이션을 진행하고자 합니다. 이번 오리엔테이션은 어린이집의 운영 방침과 교육 프로그램, 아이들의 생활 안내를 포함하여 학부모님과 소통하며 함께하는 시간을 마련하고자 하오니 꼭 참석해 주시길 부탁드립니다.

[새학기 오리엔테이션 안내]

✓ 일정 및 장소
  일시: 0000년 00월 00일(0) 오후 00시 ~ 00시
  장소: ○○유치원/어린이집 대강당

✓ 대상
  유치원/어린이집에 등록한 모든 학부모님

✓ 주요 내용
  - 유치원/어린이집 운영 방침 및 일정 안내
  - 연간 행사 및 주요 프로그램 소개
  - 등하원 시간 및 절차 안내
  - 학급별 교육 프로그램 및 담임교사 소개
  - 학급별 교육 목표 및 활동 내용
  - 담임교사와의 소통 방법 안내
  - 아이들의 하루 일과와 생활 습관 지도
  - 급식 및 간식 시간 안내
  - 놀이와 학습 시간 구성
  - 기관 운영 협조 요청 사항
  - Q&A 시간

✓ 참석 확인 및 문의
  참석 여부와 참석 시 참여 인원수를 00월 00일(0)까지 담임 교사에게 알려주시기 바랍니다.
  기타 문의 사항은 사무실로 연락 주십시오.

새학기 오리엔테이션은 아이들의 유치원/어린이집 생활을 잘 이해하고 학부모님과 기관이 긴밀히 협력할 수 있는 중요한 시간입니다. 바쁘시더라도 꼭 참석하셔서 기관 생활에 대한 전반적인 내용을 확인하시고, 함께 소통하는 자리를 만들어주시길 부탁드립니다.

감사합니다.

○○유치원/어린이집

기관 차원의 투표(의견 조사) 예시

기관 차원의 투표(의견 조사) 예시

행사 및 프로그램 관련

01 신학기 적응 프로그램 세부 일정 및 방식 조사

안녕하십니까? 유치원/어린이집 원장입니다.

새 학기를 맞아 아이들이 어린이집 생활에 자연스럽게 적응할 수 있도록 신학기 적응 프로그램을 준비 중입니다. 이 프로그램은 학부모님의 의견을 반영하여 더욱 효과적이고 만족스러운 방식으로 운영하고자 하오니, 아래와 같이 선호도 조사에 많은 참여 부탁드립니다.

[신학기 적응 프로그램 일정 및 방식 선호도 조사 안내]

✓ 조사 목적

　신학기 적응 프로그램 운영 방식과 일정을 학부모님의 의견을 반영해 구성

　다수와 소수의 의견을 모두 존중하여 최적의 프로그램 마련

　추가적인 제안을 통해 다양한 요구를 수렴

✓ 조사 항목 및 투표 내용

　1) 적응 프로그램 일정 선호도

　　① 1주일간 점진적 적응 (등원 시간 단계적 연장)

　　② 3일간 집중 적응 (하루 4시간 기준, 모든 원아 동일)

　　③ 개별 적응 계획 (아이별 적응 속도에 맞춘 스케줄)

　2) 적응 프로그램 방식 선호도

　　① 부모 동반 참여 (첫 1~2일 동안 부모님과 함께 놀이 활동 참여)

　　② 교사 중심의 적응 활동 (소규모 그룹 활동 위주)

　　③ 놀이 중심의 자유 적응 (규칙 없는 자유 놀이 활동 제공)

3) 추가 의견 및 제안 수렴 항목

　① 적응 프로그램에 포함되었으면 하는 활동

　② 부모님이 중요하다고 생각하는 적응 지원 방안

　③ 기타 의견

　설문 조사 결과는 0000년 00월 00일(0)에 가정통신문을 통해 공유드릴 예정입니다. 다수 의견은 적극적으로 반영하고, 소수 의견 또한 보완 방안을 마련하여 고려하겠습니다. 학부모님께서 제안해 주신 소중한 의견은 적응 프로그램 운영 시 적극적으로 활용하겠습니다.

　아이들의 안정적인 적응과 행복한 기관 생활을 위해 학부모님의 의견이 무엇보다 중요합니다.

　다양한 의견을 통해 더욱 풍요롭고 유익한 프로그램을 준비할 수 있도록 많은 관심과 참여 부탁드립니다. 기타 문의 사항이 있으시면 언제든 연락 주십시오.

　감사합니다.

○○유치원/어린이집

02 계절별 야외활동, 소풍 및 견학 등 주제와 장소 선호도 조사

　안녕하십니까? 유치원/어린이집 원장입니다.

　아이들이 계절의 변화를 느끼고 자연과 사회를 탐구하며 특별한 추억을 만들 수 있도록, 계절별 야외활동, 소풍 및 견학 프로그램을 계획하고 있습니다. 프로그램을 더욱 의미 있고 즐겁게 운영하기 위해 학부모님의 선호도를 조사하고자 하오니, 많은 참여 부탁드립니다.

[선호도 조사 안내]

✓ 조사 목적

　아이들에게 적합한 주제와 장소를 선정하여 계절별 활동의 흥미와 효과를 극대화

　다수와 소수 의견을 모두 고려하여 균형 있는 프로그램 운영

　학부모님의 추가 제안을 통해 창의적이고 다양한 프로그램 개발

✓ 조사 항목 및 선택 내용

1) 봄 야외활동 주제 및 장소 선호도

　① 봄꽃 탐방 (장소: ○○꽃 축제 공원)

　② 씨앗 심기 및 텃밭 체험 (장소: ○○농장)

　③ 숲속 보물찾기 (장소: ○○숲 체험장)

2) 여름 야외활동 주제 및 장소 선호도

　① 물놀이와 여름 과일 체험 (장소: ○○수영장 및 과수원)

② 바닷가 생태 탐험 (장소: ○○해변)

③ 여름 자연학교 (장소: ○○캠핑장)

3) 가을 야외활동 주제 및 장소 선호도

① 가을 수확 체험 (장소: ○○농촌체험 마을)

② 단풍놀이와 자연 공예 (장소: ○○산책로)

③ 역사와 문화 탐방 (장소: ○○박물관 및 문화재)

4) 겨울 야외활동 주제 및 장소 선호도

① 눈놀이 및 썰매 체험 (장소: ○○눈썰매장)

② 크리스마스 마을 탐방 (장소: ○○테마파크)

③ 겨울 스포츠 체험 (장소: ○○실내 스포츠센터)

5) 추가 의견 및 제안 항목

① 추천 희망 장소

② 계절별 주제에 포함되었으면 하는 활동

③ 기타 건의 사항

아이들에게 더욱 즐겁고 유익한 야외활동을 제공하기 위해 학부모님의 소중한 의견이 필요합니다.

아이들의 성장과 추억을 위해 적극적인 참여 부탁드리며, 궁금한 사항은 언제든 문의 주십시오. 감사합니다.

○○유치원/어린이집

03 부모 참여 수업에서 다루고 싶은 주제 조사

안녕하십니까? 유치원/어린이집 원장입니다.

저희 기관에서는 부모님이 직접 참여하셔서 아이들과 특별한 경험을 나눌 수 있는 부모 참여 수업을 운영하고자 합니다. 이번 수업은 부모님이 원하시는 주제를 중심으로 준비하여 더욱 의미 있고 즐거운 시간이 될 수 있도록 학부모님의 선호도를 조사하고자 하오니, 많은 관심과 참여 부탁드립니다.

[부모 참여 수업 주제 선호도 조사 안내]

✓ 조사 목적

부모님과 아이들이 함께 소통하며 배우는 즐거운 시간 마련

학부모님이 원하는 주제를 반영하여 참여도를 높이고 유익한 수업 제공

다양한 주제를 통해 아이들의 흥미와 배움을 확장

✓ 조사 항목 및 선택 내용

1) 창의 활동 주제

① 미술 공예 활동 (예: 나만의 액자 만들기, 자연물 공예)

② 요리 체험 (예: 쿠키 만들기, 간단한 샌드위치 만들기)

③ 음악과 율동 (예: 부모와 함께하는 노래와 리듬 체험)

2) 생활과 관련된 주제

① 안전 교육 (예: 가정에서의 응급처치, 화재 대피법)

② 건강과 영양 (예: 간단한 건강 간식 만들기, 바른 식습관)

③ 자연과 환경 (예: 재활용 놀이, 작은 화분 가꾸기)

3) 전문 분야 체험 주제

① 직업 체험 (예: 부모님의 직업과 관련된 활동 소개)

② 과학 실험 (예: 간단한 과학 놀이, 실험 체험)

③ 책 읽기와 스토리텔링 (예: 그림책 읽어주기, 이야기 만들기)

4) 추가 의견 및 제안 항목

① 부모님이 특별히 다루고 싶은 주제나 활동

② 부모님과 아이가 함께 즐길 수 있는 새로운 아이디어

③ 기타 건의 사항

부모 참여 수업은 아이들과 부모님이 함께 교감하며 배우는 뜻깊은 시간이 될 것입니다.

학부모님의 적극적인 의견 제시와 참여로 아이들에게 더욱 특별한 추억을 만들어 주시길 기대합니다.

기타 문의 사항이 있으시면 언제든 연락 주십시오. 감사합니다.

○○유치원/어린이집

04 학예회 및 발표회에서 선호하는 공연 형식 및 프로그램 의견 조사

안녕하십니까? 유치원/어린이집 원장입니다.

아이들의 재능과 노력을 함께 나누고 축하하는 학예회 및 발표회를 준비하며, 학부모님과 아이들이 즐길 수 있는 더욱 의미 있는 프로그램을 구성하고자 합니다.

아래와 같이 학부모님의 선호하는 공연 형식과 프로그램에 대한 의견을 조사하고자 하오니 많은 참여 부탁드립니다.

[학예회 및 발표회 의견 조사 안내]

✓ 조사 목적

학부모님이 선호하는 공연 형식과 내용을 반영하여 아이들의 흥미와 참여도를 높임

다수 의견을 중심으로 구성하되, 소수 의견도 존중하여 균형 잡힌 프로그램 마련

학부모님과 아이들이 함께 즐길 수 있는 공연 및 발표회 구성

✓ 조사 항목 및 선택 내용

  1) 선호하는 공연 형식

      ① 단체 율동 및 노래

      ② 연극 또는 뮤지컬 형식의 발표

      ③ 악기 연주 및 음악 공연

      ④ 주제별 역할극 (예: 직업, 계절, 동물 등)

      ⑤ 창작 발표 (아이들이 직접 만든 이야기나 작품 발표)

  2) 프로그램 주제 선호도

      ① 계절과 자연 (예: 봄의 노래, 가을의 축제)

      ② 동화 및 명작 이야기 (예: 빨간 모자, 백설공주)

      ③ 전통문화 (예: 전통 춤과 노래, 전통놀이)

      ④ 꿈과 미래 (예: 나의 꿈, 다양한 직업 소개)

      ⑤ 창의력과 상상력 (예: 나만의 이야기, 상상의 세계)

  3) 발표회의 특별 코너 선호도

      ① 부모님과 함께하는 공연 (아이들과 부모님이 함께 무대에 오르는 프로그램)

      ② 아이들의 작품 전시회 (미술, 공예 등 아이들이 제작한 작품 전시)

      ③ 감사 및 졸업 축하 영상 상영

      ④ 지역 사회와 연계한 특별 게스트 초청 공연

  4) 추가 의견 및 제안 항목

      ① 학부모님이 보고 싶은 공연 형식이나 주제

      ② 아이들과 함께 무대에 참여하고 싶은 프로그램

      ③ 기타 건의 사항

  아이들이 자신의 재능을 표현하고, 성취감을 느낄 수 있는 학예회와 발표회는 모두에게 뜻깊은 시간이 될 것입니다. 학부모님의 소중한 의견이 이번 발표회를 더욱 특별하게 만들어 줄 것입니다.

  기타 문의 사항이 있으시면 언제든 연락 주세요. 감사합니다.

○○유치원/어린이집

05 부모 참여활동 참여 의향 및 기대하는 활동 조사

안녕하십니까? 유치원/어린이집 원장입니다. 저희 기관에서는 학부모님과 함께하는 다양한 부모 참여활동을 통해 아이들과의 교감을 강화하고, 가정과 기관 간의 협력을 증진하고자 합니다.

아래와 같이 학부모님의 참여 의향과 기대하는 활동에 대한 의견을 조사하고자 하오니, 많은 관심과 참여 부탁드립니다.

[부모 참여활동 참여 의향 및 기대 활동 조사 안내]

✓ 조사 목적

　학부모님이 선호하는 참여활동과 기대사항을 반영하여 더욱 의미 있는 프로그램 구성

　다수와 소수의 의견을 모두 존중하며 다양한 참여 기회를 제공

　학부모님과 아이들이 함께 즐길 수 있는 활동을 개발

✓ 조사 항목 및 선택 내용

1) 부모 참여활동 참여 의향

　　① 정기적으로 참여 가능한 활동 (월 1회 또는 2회)

　　② 비정기적으로 참여 가능한 활동 (행사나 특별 프로그램 시)

　　③ 참여가 어려운 경우 (추후 기회 시 참여 희망)

2) 선호하는 활동 유형

　　① 창의 활동: 미술 공예, 요리 체험 등

　　② 교육 활동: 동화 읽어주기, 간단한 과학 실험 등

　　③ 놀이 활동: 아이들과의 야외 놀이, 전통놀이 등

　　④ 가정과 연계된 활동: 부모-아이 함께하는 프로젝트(예: 가족 사진 만들기)

　　⑤ 기타 활동: 부모님이 제안하고 싶은 활동

3) 기대하는 활동 주제 및 내용

　　① 아이의 발달 단계에 맞춘 창의적 프로그램

　　② 가정에서 활용 가능한 육아 팁과 연계된 활동

　　③ 부모님과 아이가 함께하는 협력 놀이

　　④ 기타 기대사항 (자유롭게 기재)

4) 부모 참여활동에 대한 기타 의견 및 제안

　　① 부모님이 직접 제안하고 싶은 활동이나 프로그램

　　② 참여를 위한 시간대 및 요일 선호도

　　③ 기타 건의 사항

부모 참여활동은 학부모님과 아이들이 함께 소중한 시간을 보내며 아이들의 성장과 정서적 유대감을 높이는 뜻깊은 기회입니다. 학부모님의 의견이 아이들과 기관 운영에 큰 힘이 됩니다. 많은 관심과 적극적인 참여를 부탁드립니다. 기타 문의 사항이 있으시면 언제든 연락 주십시오. 감사합니다.

○○유치원/어린이집

06 계절 축제(봄/가을 축제)에서 진행하고 싶은 놀이 조사

안녕하십니까? 유치원/어린이집 원장입니다. 저희 기관에서는 아이들과 학부모님이 함께 계절의 아름다움을 만끽하며 즐길 수 있는 봄/가을 축제를 준비하고자 합니다.

이번 축제에서 진행될 놀이 활동을 구성하기 위해 학부모님의 의견을 조사하오니, 많은 관심과 참여 부탁드립니다.

[계절 축제 놀이 활동 선호도 조사 안내]

✓ 조사 목적

　봄과 가을 축제에 적합한 놀이와 활동을 학부모님의 의견에 따라 구성

　아이들의 발달 단계와 흥미를 고려한 창의적이고 재미있는 프로그램 준비

　다수와 소수 의견을 모두 존중하여 균형 잡힌 활동 마련

✓ 조사 항목 및 선택 내용

　1) 봄 축제에서 즐기고 싶은 놀이 활동

　　① 봄꽃 탐험 놀이 (꽃 모으기, 꽃잎 공예)

　　② 자연물 보물찾기 (돌, 잎사귀, 나뭇가지 등)

　　③ 미니 텃밭 체험 (씨앗 심기, 식물 관찰)

　　④ 바람개비 만들기 및 연 날리기

　　⑤ 기타 (자유롭게 기재)

　2) 가을 축제에서 즐기고 싶은 놀이 활동

　　① 수확 체험 (고구마, 옥수수 캐기)

　　② 가을 열매 공예 (도토리, 밤, 나뭇잎 활용 공예)

　　③ 전통 놀이 체험 (제기차기, 투호 등)

　　④ 가을 동물 놀이 (가면 만들기, 동물 흉내내기)

　　⑤ 기타 (자유롭게 기재)

　3) 아이들과 함께하고 싶은 활동

　　① 부모-아이 협동 미션 놀이 (릴레이, 협동 게임 등)

　　② 가족 단위 사진 촬영 및 앨범 만들기

　　③ 부모 참여 체험 부스 (간식 만들기, 공예 체험 등)

　　④ 기타 (자유롭게 기재)

　4) 축제에서 추가로 기대하는 프로그램

　　① 아이들의 공연 및 발표 시간

　　② 부모님과 함께하는 나눔 바자회

　　③ 계절 간식 나눔 (찐 옥수수, 분식, 전통차 등)

　　④ 기타 건의 사항

봄/가을 축제는 아이들에게 계절의 아름다움을 느끼고, 가족과 함께 즐거운 추억을 만드는 특별한 시간이 될 것입니다. 학부모님의 의견이 축제의 성공적인 준비에 큰 힘이 됩니다. 적극적인 참여와 협조 부탁드립니다. 기타 문의 사항이 있으시면 언제든 연락 주십시오.

감사합니다.

○○유치원/어린이집

07 지역사회 연계 체험 활동(박물관, 도서관 등) 장소 조사

안녕하십니까? 유치원/어린이집 원장입니다.

아이들이 지역사회의 다양한 시설을 직접 경험하며 학습과 탐구의 기회를 가질 수 있도록, 지역사회 연계 체험 활동을 계획하고 있습니다. 프로그램을 더욱 알차게 준비하기 위해 학부모님의 선호하는 장소와 활동에 대한 의견을 조사하고자 하오니 많은 관심과 참여 부탁드립니다.

[지역사회 연계 체험 활동 장소 조사 안내]

✓ 조사 목적

지역사회에서 아이들이 유익하게 경험할 수 있는 장소와 활동을 구성

다수의 의견을 바탕으로 체험 활동 장소를 선정하되, 소수 의견도 반영 가능한 범위에서 고려

다양한 학습 주제와 연계된 체험 기회를 제공

✓ 조사 항목 및 선택 내용

1) 선호하는 체험 장소

① 도서관 (주요 활동: 책 읽기, 도서관 예절 배우기, 도서 탐방)

② 박물관 (주요 활동: 유물 관람, 역사 및 문화 체험 프로그램)

③ 과학관 (주요 활동: 과학 실험 체험, 전시물 탐구)

④ 동물원 (주요 활동: 동물 관찰, 생태 체험)

⑤ 기타 (추천 장소 기재)

2) 선호하는 체험 주제

① 자연과 생태 (예: 숲 체험, 동물 관찰)

② 역사와 문화 (예: 전통문화 체험, 박물관 탐방)

③ 과학과 탐구 (예: 실험 체험, 우주와 별자리 탐구)

④ 책과 이야기 (예: 독서 체험, 스토리텔링 활동)

⑤ 기타 (추천 주제 기재)

3) 기대하는 활동 형태

① 체험 중심 활동 (직접 참여하고 배우는 프로그램)

② 관람 중심 활동 (전시나 공연 관람)

③ 혼합 활동 (체험과 관람을 모두 포함)

④ 기타 (자유롭게 기재)

4) 추가 의견 및 제안

① 추천하고 싶은 장소

② 특정 활동에 대한 기대 사항

③ 기타 건의 사항

이번 지역사회 연계 체험 활동은 아이들에게 지역사회와의 연결을 느끼고, 새로운 경험을 통해 성장할 수 있는 귀중한 기회가 될 것입니다. 학부모님의 소중한 의견이 프로그램 준비에 큰 도움이 됩니다. 적극적인 참여 부탁드립니다. 기타 문의 사항이 있으시면 언제든 연락 주십시오. 감사합니다.

○○유치원/어린이집

08 환경보호 캠페인(예: 재활용, 나무 심기) 선호 주제 조사

안녕하십니까? 유치원/어린이집 원장입니다.

아이들과 함께 지구를 사랑하고 환경을 보호하는 작은 실천을 배우는 시간을 마련하고자, 환경보호 캠페인을 계획하고 있습니다. 이번 캠페인의 주제를 학부모님의 의견을 반영하여 선정하고자 하오니, 많은 관심과 참여 부탁드립니다.

[환경보호 캠페인 선호 주제 조사 안내]

✓ 조사 목적

아이들에게 환경보호의 중요성을 가르치고 실천할 수 있는 활동 준비

학부모님과 아이들이 함께 참여하며 실천 가능한 주제를 선정

다수와 소수의 의견을 고려하여 균형 잡힌 프로그램 구성

✓ 조사 항목 및 선택 내용

1) 선호하는 캠페인 주제

① 재활용 실천하기 (활동: 분리수거 놀이, 재활용품 공예)

② 나무 심기와 자연 보호 (활동: 어린 나무 심기, 숲 가꾸기 체험)

③ 플라스틱 사용 줄이기 (활동: 재사용 가능한 물건 만들기)

④ 깨끗한 지구 만들기 (활동: 주변 환경 정화, 쓰레기 줍기 놀이)

⑤ 기타 (추천 주제 기재)

2) 선호하는 캠페인 활동 방식

① 아이들이 직접 참여하는 체험형 활동 (예: 재활용품 만들기)
② 가족과 함께하는 협력 활동 (예: 가족 나무 심기, 캠페인 퍼레이드)
③ 기관에서 지속적으로 실천할 수 있는 활동 (예: 재활용 챌린지)
④ 기타 (자유롭게 기재)
3) 캠페인에 기대하는 효과
① 환경보호의 중요성을 배우는 교육적 활동
② 가정과 기관이 함께 실천하는 협력 프로그램
③ 지역사회와의 연계를 통한 공동 캠페인 진행
④ 기타 기대 효과 (자유롭게 기재)
4) 추가 의견 및 제안
① 추천하고 싶은 활동 아이디어
② 캠페인 주제나 활동에서 포함되었으면 하는 내용
③ 기타 건의 사항

이번 환경보호 캠페인은 아이들이 자연과 환경을 사랑하는 마음을 배우고 실천할 수 있는 소중한 시간이 될 것입니다. 학부모님의 소중한 의견과 참여로 캠페인이 더욱 풍요롭고 의미 있는 시간이 될 수 있도록 많은 관심 부탁드립니다. 기타 문의 사항이 있으시면 언제든 연락 주십시오. 감사합니다.

○○유치원/어린이집

09 여름 물놀이 장소 및 참여 여부 조사

안녕하십니까? 유치원/어린이집 원장입니다.
아이들이 시원한 여름을 만끽하며 즐겁고 안전하게 물놀이를 할 수 있도록, 여름 물놀이 활동을 계획하고 있습니다. 이번 활동을 보다 체계적으로 준비하기 위해 학부모님의 선호 장소와 참여 여부에 대한 의견을 조사하고자 하오니 많은 관심과 참여 부탁드립니다.

[여름 물놀이 활동 장소 및 참여 여부 조사 안내]
✓ 조사 목적
아이들의 연령과 안전을 고려한 적합한 물놀이 장소 선정
학부모님의 의견을 반영하여 즐겁고 안전한 물놀이 프로그램 구성
다수 의견과 소수 의견을 모두 존중하여 프로그램 균형 유지
✓ 조사 항목 및 선택 내용
1) 선호하는 물놀이 장소

① 실내 키즈 워터파크 (활동: 물놀이 기구 체험, 수영장 놀이)

② 야외 물놀이장 (활동: 간단한 물놀이 및 스프링클러 체험)

③ 기관 내 물놀이 시설 (활동: 작은 풀장, 물총놀이 등)

④ 기타 (추천 장소 기재)

2) 선호하는 물놀이 프로그램 구성

① 자유 물놀이 시간 (아이들이 자유롭게 놀이)

② 놀이 중심 활동 (물총 대결, 물풍선 놀이 등)

③ 협동 놀이 (팀 게임, 물놀이 릴레이 등)

④ 기타 (추천 활동 기재)

3) 물놀이 활동 참여 여부

① 참여 가능 (아이와 함께)

② 아이만 참여 가능

③ 참여 어려움 (사유 기재)

4) 안전과 관련하여 중요하게 여기는 사항

① 안전 장비 배치

② 장소의 위생 및 시설 점검

③ 아이들 대상 사전 물놀이 안전 교육

④ 기타 (자유롭게 기재)

5) 추가 의견 및 제안

① 학부모님이 추천하는 물놀이 장소 및 활동

② 물놀이 활동 시 고려해야 할 사항

③ 기타 건의 사항

여름 물놀이 활동은 아이들에게 더운 여름을 시원하게 보내며 즐거운 추억을 만드는 소중한 시간이 될 것입니다. 학부모님의 적극적인 의견과 참여로 아이들이 더욱 안전하고 유익한 시간을 보낼 수 있도록 많은 관심 부탁드립니다. 기타 문의 사항이 있으시면 언제든 연락 주십시오. 감사합니다.

○○유치원/어린이집

10 부모-자녀 연계 프로젝트(예: 책 만들기, 그림 전시) 주제 조사

안녕하십니까? 유치원/어린이집 원장입니다. 부모님과 아이가 함께 협력하여 특별한 추억을 만들고, 창의력과 유대감을 키울 수 있는 부모-자녀 연계 프로젝트를 준비하고자 합니다. 프로젝트 주제를 학부모님의 선호와 아이들의 흥미를 반영하여 구성하고자 하오니 많은 관심과 참여 부탁드립니다.

[부모-자녀 연계 프로젝트 주제 조사 안내]

✓ 조사 목적
부모님과 아이가 함께 참여할 수 있는 의미 있는 프로젝트 구성
창의력, 협력, 그리고 가족 간의 유대감을 강화할 수 있는 주제 선정
학부모님의 의견을 반영하여 다채롭고 유익한 활동 준비

✓ 조사 항목 및 선택 내용
1) 선호하는 프로젝트 주제
① 책 만들기: 부모와 아이가 함께 창작한 이야기로 만드는 가족 동화책
② 그림 전시: 아이와 부모가 협력하여 그린 그림을 유치원/어린이집 갤러리에 전시
③ 사진 일기: 아이와 부모가 함께 찍은 사진으로 만드는 추억의 일기
④ 가족의 꿈 프로젝트: 가족의 꿈을 주제로 한 만들기 또는 글쓰기
⑤ 기타: 학부모가 제안하시는 특별한 프로젝트 (자유롭게 기재)
2) 프로젝트 진행 방식 선호도
① 유치원/어린이집에서 활동 후 가정에서 완성하는 연계 프로젝트
② 가정에서 부모님과 함께 전 과정을 진행하는 프로젝트
③ 유치원/어린이집에서 부모 참여로 함께 진행하는 실시간 프로젝트
④ 기타 (추천 방식 기재)
3) 기대하는 활동 효과 및 목표
① 부모-자녀 간의 소통과 협력 강화
② 창의력과 표현력 향상
③ 가족 간 추억 만들기 및 기록
④ 기타 (자유롭게 기재)
4) 추가 의견 및 제안
① 추천하고 싶은 프로젝트 주제 및 활동
② 활동 진행 시 고려해야 할 사항
③ 기타 건의 사항

부모-자녀 연계 프로젝트는 가족이 함께 특별한 추억을 만들며 소중한 시간을 보내는 기회가 될 것입니다. 학부모님의 소중한 의견과 참여로 프로젝트가 더욱 풍성하고 의미 있는 시간이 될 수 있도록 많은 관심 부탁드립니다. 기타 문의 사항이 있으시면 언제든 연락 주십시오. 감사합니다.

○○유치원/어린이집

안녕하십니까? 유치원/어린이집 원장입니다.

저희 기관에서는 아이들이 전통문화를 자연스럽게 경험하고, 명절의 의미를 배우는 명절 특별 행사를 준비하고 있습니다. 행사를 더욱 풍성하고 즐겁게 만들기 위해 학부모님의 선호하는 주제와 활동에 대한 의견을 조사하고자 하오니, 많은 관심과 참여 부탁드립니다.

[명절 특별 행사 주제 및 활동 선호도 조사 안내]

✓ 조사 목적

    아이들에게 전통문화를 재미있고 효과적으로 전달할 수 있는 프로그램 구성

    학부모님의 의견을 반영하여 아이들의 흥미와 즐거움을 높이는 활동 준비

    다수와 소수의 의견을 모두 고려하여 균형 잡힌 행사 운영

✓ 조사 항목 및 선택 내용

  1) 선호하는 명절 행사 주제

     ① 한복 체험과 사진 촬영

     ② 전통놀이 체험 (예: 제기차기, 투호, 윷놀이 등)

     ③ 명절 음식 만들기 (예: 송편 빚기, 강정 만들기)

     ④ 명절 이야기 시간 (전래동화 듣기, 명절의 유래 배우기)

     ⑤ 기타 (추천 주제 기재)

  2) 전통놀이 프로그램 선호도

     ① 제기차기 대회

     ② 투호 놀이

     ③ 딱지치기 또는 팽이 돌리기

     ④ 강강술래 또는 전통 춤 배우기

     ⑤ 기타 (추천 놀이 기재)

  3) 부모 참여 활동 선호도

     ① 부모-아이 협동 놀이 (윷놀이 대회, 투호 게임)

     ② 명절 음식 만들기 (송편, 전통 간식)

     ③ 전통놀이 가르치기 (부모님이 아이들에게 놀이를 소개)

     ④ 기타 (추천 활동 기재)

  4) 추가 의견 및 제안

     ① 행사에서 포함되었으면 하는 특별 프로그램

     ② 부모님이 추천하는 전통놀이나 명절 관련 활동

     ③ 기타 건의 사항

명절 특별 행사는 아이들에게 우리의 전통문화를 자연스럽게 배우고 체험할 수 있는 소중한 시간이 될 것

입니다. 학부모님의 소중한 의견이 더욱 풍성하고 의미 있는 행사를 만드는데 큰 힘이 됩니다. 적극적인 참여 부탁드립니다. 기타 문의 사항이 있으시면 언제든 연락 주십시오. 감사합니다.

○○유치원/어린이집

12 졸업식에서 원하는 프로그램 및 시간대 조사

안녕하십니까? 유치원/어린이집 원장입니다.

졸업을 앞둔 아이들과 학부모님을 위해 아이들의 성장을 축하하고, 아름다운 이별을 기념하는 졸업식을 준비하고 있습니다. 졸업식이 더욱 뜻깊고 의미 있는 시간이 될 수 있도록 학부모님의 선호하는 프로그램과 시간대에 대한 의견을 조사하고자 하오니 많은 참여 부탁드립니다.

[졸업식 프로그램 및 시간대 조사 안내]

✓ 조사 목적

학부모님과 아이들이 함께 즐길 수 있는 졸업식 프로그램 구성

졸업식 시간대를 학부모님의 일정과 편의를 반영하여 선정

다수와 소수의 의견을 균형 있게 반영하여 모두가 만족할 수 있는 행사 준비

✓ 조사 항목 및 선택 내용

1) 선호하는 졸업식 프로그램

① 아이들의 졸업 축하 공연 (율동, 노래 등)

② 교사와 아이들의 추억 영상 상영

③ 졸업장 수여 및 졸업사 낭독

④ 부모 참여 프로그램 (부모 소감 발표, 부모-아이 협동 게임 등)

⑤ 기타 (추천 프로그램 기재)

2) 졸업식에서 포함되었으면 하는 특별 코너

① 아이들의 작품 전시 (미술, 글쓰기 등)

② 감사의 마음 전달 (아이들이 부모님과 선생님께 준비한 메시지)

③ 포토존 및 가족 촬영 시간

④ 졸업 기념 선물 증정 및 기념 촬영

⑤ 기타 (추천 코너 기재)

3) 졸업식 진행 시간대 선호도

① 오전 (10:00 ~ 12:00)

② 오후 (2:00 ~ 4:00)

③ 기타 (추천 시간대 기재)
4) 추가 의견 및 제안
① 졸업식에서 학부모님이 기대하는 내용
② 행사 진행과 관련된 개선점이나 요청 사항
③ 기타 건의 사항

졸업식은 아이들의 새로운 시작을 축하하며 함께했던 추억을 되새기는 소중한 시간입니다. 학부모님의 소중한 의견이 졸업식을 더욱 특별하고 감동적인 시간으로 만드는 데 큰 힘이 됩니다. 많은 관심과 적극적인 참여 부탁드립니다. 기타 문의 사항이 있으시면 언제든 연락 주십시오. 감사합니다.

○○유치원/어린이집

13 발표회에서 아이들의 역할 분배 및 주제 선호도 조사

안녕하십니까? 유치원/어린이집 원장입니다.
아이들이 자신만의 재능을 발휘하고, 협동심과 성취감을 느낄 수 있는 발표회를 준비하고 있습니다.
발표회의 주제와 아이들의 역할 분배를 보다 알차고 공정하게 구성하기 위해 학부모님의 의견을 조사하고자 하오니, 많은 관심과 참여 부탁드립니다.

[발표회 역할 분배 및 주제 선호도 조사 안내]

✔ 조사 목적
아이들의 흥미와 재능을 반영하여 발표회 주제를 구성
아이들이 자신감을 가지고 발표에 참여할 수 있도록 적합한 역할 분배
다수와 소수의 의견을 모두 고려하여 균형 있는 발표회 준비

✔ 조사 항목 및 선택 내용
1) 발표회 주제 선호도
① 동화 및 명작 이야기 (예: 빨간 모자, 아기돼지 삼형제)
② 계절과 자연 (예: 봄의 축제, 가을의 풍경)
③ 직업과 꿈 (예: 미래의 꿈, 다양한 직업 체험)
④ 음악과 예술 (예: 리듬과 율동, 작은 뮤지컬)
⑤ 기타 (추천 주제 기재)
2) 역할 분배 방식 선호도
① 아이의 관심사와 재능을 고려한 역할 분배
② 추첨을 통한 공정한 역할 배정

③ 아이와 부모님의 협의를 통한 자율적 역할 선택

④ 기타 (추천 방식 기재)

3) 아이들이 발표회에서 맡고 싶어 하는 역할 (복수 선택 가능)

① 주요 배역 (이야기의 주인공, 대사 연기 등)

② 노래나 율동 퍼포먼스

③ 배경 및 소품 제작

④ 무대 진행 및 설명자

⑤ 기타 (아이와 부모님의 희망 역할 기재)

4) 발표회 준비와 관련한 기대 및 의견

① 부모님이 발표회에 참여하고 싶은 형태 (예: 부모님과 함께하는 무대)

② 발표회의 개선점이나 추가 제안

③ 기타 건의 사항

발표회는 아이들이 자신의 재능을 뽐내고 협동의 기쁨을 배우는 소중한 경험입니다.

학부모님의 소중한 의견이 발표회를 더욱 특별하고 즐거운 시간으로 만드는 데 큰 힘이 됩니다.

많은 관심과 적극적인 참여 부탁드립니다. 기타 문의 사항이 있으시면 언제든 연락 주십시오.

감사합니다.

○○유치원/어린이집

14 연말 행사(크리스마스 파티 등)에서 희망하는 활동 조사

안녕하십니까? 유치원/어린이집 원장입니다.

한 해를 마무리하며 아이들과 학부모님이 함께 즐겁고 따뜻한 시간을 보낼 수 있도록 연말 행사를 준비하고 있습니다. 행사를 더욱 풍성하고 특별하게 만들기 위해 학부모님께서 희망하시는 활동에 대한 의견을 조사하고자 하오니 많은 관심과 참여 부탁드립니다.

[연말 행사 희망 활동 조사 안내]

✓ 조사 목적

아이들과 학부모님이 함께 즐길 수 있는 활동 구성

다수의 의견을 반영하여 행사 프로그램 구성, 소수 의견도 가능한 범위 내에서 반영

학부모님과 아이들의 흥미와 기대를 충족시키는 연말 행사 준비

✓ 조사 항목 및 선택 내용

1) 희망하는 연말 행사 활동

① 크리스마스 장식 만들기 (트리 꾸미기, 오너먼트 제작 등)

② 산타와의 만남 (선물 나눔, 사진 촬영 등)

③ 아이들의 공연 및 발표 (노래, 율동, 연극 등)

④ 부모 참여 게임 및 놀이 활동 (팀 게임, 가족 릴레이 등)

⑤ 기타 (추천 활동 기재)

2) 선호하는 크리스마스 파티 프로그램

① 크리스마스 간식 만들기 (쿠키, 케이크, 핫초코 등)

② 겨울 동화 읽기 및 스토리텔링 시간

③ 작은 마켓 또는 바자회 운영 (아이들이 만든 작품 판매)

④ 크리스마스 테마 사진 촬영 및 포토존 운영

⑤ 기타 (추천 프로그램 기재)

3) 학부모 참여 희망 활동

① 부모-아이 협동 놀이 (장식 만들기, 팀 게임 등)

② 학부모 공연 또는 깜짝 이벤트 준비

③ 아이들과 함께 선물 포장 및 나눔 활동

④ 기타 (추천 활동 기재)

4) 추가 의견 및 제안

① 추천하시는 활동이나 프로그램

② 행사 진행 시 고려해야 할 사항

③ 기타 건의 사항

연말 행사는 아이들에게 따뜻한 추억을 선물하며 한 해를 즐겁게 마무리할 수 있는 소중한 시간입니다.

학부모님의 소중한 의견이 행사를 더욱 특별하고 의미 있는 시간으로 만들어 줄 것입니다. 많은 관심과 적극적인 참여 부탁드립니다. 기타 문의 사항이 있으시면 언제든 연락 주십시오. 감사합니다.

○○유치원/어린이집

15 다문화 체험 프로그램에서 배우고 싶은 내용 조사

안녕하십니까? 유치원/어린이집 원장입니다.

아이들이 다양한 문화를 이해하고 존중하며 세계 시민으로 성장할 수 있도록, 다문화 체험 프로그램을 준비하고 있습니다. 학부모님과 아이들이 배우고 싶어 하는 주제와 활동을 반영하여 더욱 의미 있는 프로그램을 구성하고자 하오니 많은 관심과 참여 부탁드립니다.

[다문화 체험 프로그램 선호 내용 조사 안내]

✓ 조사 목적

　아이들에게 다양한 문화를 재미있고 효과적으로 가르칠 수 있는 프로그램 구성

　학부모님과 아이들의 흥미와 기대를 반영한 맞춤형 활동 준비

　다문화 체험을 통해 존중과 협력의 가치를 배우는 기회 제공

✓ 조사 항목 및 선택 내용

　1) 배우고 싶은 다문화 체험 주제

　　① 전 세계 음식 체험 (예: 이탈리아 피자 만들기, 일본 초밥 체험)

　　② 전통 의상 체험 (예: 한복, 기모노, 사리 등 입어보기)

　　③ 세계의 축제와 전통 놀이 (예: 브라질 카니발, 인도 디왈리 체험)

　　④ 언어와 인사 배우기 (간단한 외국어 인사말 배우기)

　　⑤ 기타 (추천 주제 기재)

　2) 선호하는 활동 방식

　　① 직접 체험 중심 활동 (음식 만들기, 의상 입기 등)

　　② 시청각 학습 (영상 시청, 사진 자료를 활용한 문화 소개)

　　③ 놀이와 예술을 통한 체험 (춤, 노래, 공예 등)

　　④ 기타 (추천 활동 기재)

　3) 프로그램에서 기대하는 효과

　　① 다양한 문화를 이해하고 존중하는 태도 배우기

　　② 새로운 경험을 통해 창의력과 흥미 증진

　　③ 가족과 함께하는 특별한 추억 만들기

　　④ 기타 (기대 효과 기재)

　4) 추가 의견 및 제안

　　① 추천하시는 체험 주제나 활동

　　② 다문화 체험 프로그램에서 포함되었으면 하는 내용

　　③ 기타 건의 사항

　다문화 체험 프로그램은 아이들에게 새로운 세계를 접하고 다양한 문화를 존중하는 마음을 배울 수 있는 소중한 시간이 될 것입니다. 학부모님의 소중한 의견이 프로그램 준비에 큰 도움이 됩니다. 많은 관심과 적극적인 참여 부탁드립니다. 기타 문의 사항이 있으시면 언제든 연락 주십시오.

　감사합니다.

○○유치원/어린이집

운영 및 시설 개선 관련

01 급식 및 간식 메뉴에 대한 선호 의견 조사

안녕하십니까? 유치원/어린이집 원장입니다.

아이들이 건강하고 균형 잡힌 식사를 통해 성장할 수 있도록 급식 및 간식 메뉴를 더욱 알차게 구성하고자 합니다. 학부모님의 소중한 의견을 반영하기 위해 급식 및 간식 메뉴에 대한 선호도 조사를 진행하오니 많은 관심과 참여 부탁드립니다.

[급식 및 간식 메뉴 선호도 조사 안내]

✓ 조사 목적

　아이들의 영양과 건강을 고려한 선호 메뉴 구성

　다양한 음식 경험을 통해 아이들의 식습관 개선 및 균형 잡힌 식단 제공

　학부모님의 의견을 반영하여 만족도를 높이는 급식 및 간식 준비

✓ 조사 항목 및 선택 내용

　1) 선호하는 급식 메뉴 유형

　　① 한식 중심 메뉴 (예: 비빔밥, 된장국, 잡채 등)

　　② 서양식 메뉴 (예: 파스타, 스프, 오븐 구이 등)

　　③ 다양한 나라 음식 체험 (예: 타코, 초밥, 커리 등)

　　④ 저자극, 부드러운 메뉴 (예: 계란찜, 닭죽, 감자조림 등)

　　⑤ 기타 (추천 메뉴 기재)

　2) 선호하는 간식 메뉴 유형

　　① 과일 중심 간식 (예: 사과, 바나나, 오렌지 등)

　　② 수제 간식 (예: 핸드메이드 쿠키, 머핀, 주먹밥 등)

　　③ 전통 간식 (예: 인절미, 강정, 약과 등)

　　④ 음료와 간단한 간식 (예: 두유, 요거트, 샌드위치 등)

　　⑤ 기타 (추천 간식 기재)

　3) 알레르기 및 음식 기피 사항

　　① 아이가 알레르기가 있는 음식 기재

　　② 아이가 특별히 기피하는 음식 기재

　　③ 기타 고려해야 할 사항

　4) 추가 의견 및 제안

① 추천하시는 급식 및 간식 메뉴
② 급식과 간식에서 개선되었으면 하는 부분
③ 기타 건의 사항

급식과 간식은 아이들의 건강한 성장과 에너지를 공급하는 중요한 요소입니다.

학부모님의 소중한 의견이 아이들에게 더욱 건강하고 맛있는 식사를 제공하는 데 큰 도움이 됩니다. 많은 관심과 참여 부탁드립니다. 기타 문의 사항이 있으시면 언제든 연락 주십시오. 감사합니다.

○○유치원/어린이집

02 원내 장난감 및 교구 추가 구매 우선 항목 조사

안녕하십니까? 유치원/어린이집 원장입니다.

아이들이 즐겁고 창의적으로 놀이하며 학습할 수 있도록 원내 장난감 및 교구 추가 구매를 계획하고 있습니다. 학부모님과 아이들의 선호와 필요를 반영하여 우선 구매 항목을 선정하고자 하오니 많은 관심과 참여 부탁드립니다.

[장난감 및 교구 추가 구매 우선 항목 조사 안내]

✓ 조사 목적
아이들의 발달 단계와 흥미를 고려한 장난감 및 교구 추가 구매
학부모님의 의견을 반영하여 학습과 놀이의 균형을 맞춘 교구 구성
원내 장난감과 교구 활용도를 높이고 아이들의 만족도 향상

✓ 조사 항목 및 선택 내용
1) 선호하는 장난감 유형
① 역할놀이 장난감 (예: 주방놀이 세트, 병원놀이 세트)
② 창의력 장난감 (예: 블록, 자석 교구, 조립 키트)
③ 과학 탐구 장난감 (예: 현미경, 과학 실험 키트)
④ 신체 활동 장난감 (예: 볼풀, 점프 매트, 균형 잡기 도구)
⑤ 기타 (추천 장난감 기재)
2) 선호하는 교구 유형
① 학습 교구 (예: 숫자, 알파벳 퍼즐, 언어 카드)
② 미술 및 감각 교구 (예: 물감 세트, 클레이, 촉감 놀이 교구)
③ 음악 교구 (예: 리듬 악기, 장난감 피아노)
④ 자연 탐구 교구 (예: 동물 모형, 식물 관찰 키트)

⑤ 기타 (추천 교구 기재)
3) 교구 활용에 대한 기대
① 아이들의 창의력 향상
② 사회성 및 협동심 증진
③ 기초 학습 능력 개발
④ 감각 및 운동 발달 지원
⑤ 기타 (기대 효과 기재)
4) 추가 의견 및 제안
① 추천하시는 장난감 및 교구
② 추가 구매 시 고려해야 할 사항
③ 기타 건의 사항

장난감과 교구는 아이들의 놀이와 학습에서 중요한 역할을 합니다.
학부모님의 소중한 의견이 아이들에게 더욱 유익하고 재미있는 환경을 제공하는 데 큰 도움이 됩니다.
많은 관심과 참여 부탁드립니다. 기타 문의 사항이 있으시면 언제든 연락 주십시오. 감사합니다.

○○유치원/어린이집

03 놀이 시설 개선 우선순위(놀이터, 실내 공간 등) 조사

안녕하십니까? 유치원/어린이집 원장입니다.
아이들이 더 안전하고 즐겁게 놀이할 수 있는 환경을 제공하기 위해 놀이 시설 개선을 계획하고 있습니다.
놀이 공간의 개선 우선순위를 정하기 위해 학부모님의 의견을 조사하고자 하오니, 많은 관심과 참여 부탁드립니다.

[놀이 시설 개선 우선순위 조사 안내]

✓ 조사 목적
아이들의 놀이와 안전을 고려한 놀이 시설 개선 계획 수립
학부모님의 의견을 반영하여 우선적으로 개선할 항목 선정
다수와 소수 의견을 균형 있게 반영하여 만족도 높은 환경 제공

✓ 조사 항목 및 선택 내용
1) 개선이 필요하다고 생각하는 공간
① 야외 놀이터 (활동: 미끄럼틀, 그네, 모래놀이 공간 등)
② 실내 놀이 공간 (활동: 볼풀, 트램폴린, 소프트 블록 등)

③ 교실 내 놀이 구역 (활동: 역할놀이 공간, 독서 구역 등)

④ 실내 체육 공간 (활동: 점프 매트, 미니 체육 기구 등)

⑤ 기타 (추천 공간 기재)

2) 개선이 필요한 주요 항목

① 시설 안전 점검 및 보수 (미끄럼틀, 그네 등의 안전성 강화)

② 새로운 놀이 기구 추가 (창의력과 신체 활동을 자극할 수 있는 놀이 기구)

③ 공간 디자인 및 장식 개선 (아늑하고 밝은 분위기의 놀이 공간 조성)

④ 친환경 재료 및 설비 활용 (아이들의 건강을 고려한 놀이 시설)

⑤ 기타 (추천 항목 기재)

3) 놀이 시설 개선에서 기대하는 효과

① 아이들의 창의력 및 상상력 증진

② 신체 활동을 통한 건강 증진

③ 안전한 놀이 환경 조성

④ 놀이를 통한 사회성 및 협력 능력 강화

⑤ 기타 (기대 효과 기재)

4) 추가 의견 및 제안

① 추천하시는 놀이 시설 개선 아이디어

② 개선 과정에서 고려해야 할 사항

③ 기타 건의 사항

놀이 시설은 아이들이 즐겁고 안전하게 놀이하며 성장할 수 있는 중요한 공간입니다.

학부모님의 소중한 의견이 아이들에게 더욱 나은 환경을 제공하는 데 큰 힘이 됩니다. 많은 관심과 참여 부탁드립니다. 기타 문의 사항이 있으시면 언제든 연락 주십시오. 감사합니다.

○○유치원/어린이집

안녕하십니까? 유치원/어린이집 원장입니다.

아이들의 건강과 안전을 위해 공기청정기, 살균기 등 위생 설비의 추가 도입을 검토하고 있습니다.

학부모님의 의견을 반영하여 위생 설비의 필요성과 우선 설치 장소를 파악하고자 하오니 많은 관심과 참여 부탁드립니다.

[위생 설비 추가 필요 여부 조사 안내]

✓ 조사 목적

　아이들의 건강을 보호하기 위해 공기질 및 위생 환경을 개선

　학부모님의 의견을 바탕으로 효과적인 설비 도입 계획 수립

　다수와 소수 의견을 고려하여 균형 잡힌 결정 마련

✓ 조사 항목 및 선택 내용

　1) 추가 설치를 희망하는 위생 설비

　　① 공기청정기 (교실 및 공용 공간)

　　② 살균기 (장난감 및 교구 살균)

　　③ 손 소독기 (입구 및 실내 주요 구역)

　　④ UV 살균 램프 (방역 강화)

　　⑤ 기타 (추천 설비 기재)

　2) 추가 설치를 희망하는 주요 장소

　　① 교실 내부

　　② 실내 공용 공간 (복도, 다목적실 등)

　　③ 화장실 및 손 씻기 공간

　　④ 식당 및 간식 준비 공간

　　⑤ 기타 (추천 장소 기재)

　3) 위생 설비 도입에서 기대하는 효과

　　① 아이들의 건강 보호 (알레르기, 미세먼지 등 예방)

　　② 감염병 예방 (코로나19, 독감 등)

　　③ 쾌적하고 위생적인 환경 제공

　　④ 학부모님의 안심과 신뢰 강화

　　⑤ 기타 (기대 효과 기재)

　4) 추가 의견 및 제안

　　① 추천하시는 위생 설비 또는 방안

　　② 위생 설비 운영 시 고려해야 할 사항

　　③ 기타 건의 사항

아이들의 건강을 최우선으로 고려하여 위생 설비를 추가 도입하고자 합니다.

학부모님의 소중한 의견이 아이들에게 더욱 안전하고 쾌적한 환경을 제공하는 데 큰 도움이 됩니다. 많은 관심과 참여 부탁드립니다. 기타 문의 사항이 있으시면 언제든 연락 주십시오. 감사합니다.

○○유치원/어린이집

05 원내 환경보호 캠페인(재활용 분리함 설치 등) 희망 조사

안녕하십니까? 유치원/어린이집 원장입니다.

아이들에게 환경보호의 중요성을 알리고, 지속 가능한 생활 습관을 키우기 위한 환경보호 캠페인을 준비하고 있습니다. 아이들과 학부모님이 함께 참여하며 실천할 수 있는 활동을 구성하기 위해 의견을 조사하고자 하오니, 많은 관심과 참여 부탁드립니다.

[원내 환경보호 캠페인 희망 조사 안내]

✓ 조사 목적

아이들이 환경보호의 의미를 체감하며 재미있게 실천할 수 있는 캠페인 구성

학부모님의 의견을 반영하여 효과적이고 실질적인 프로그램 마련

지속 가능한 유치원/어린이집 운영을 위한 환경보호 활동 추진

✓ 조사 항목 및 선택 내용

1) 희망하는 환경보호 캠페인 활동

① 재활용 분리함 설치 및 사용 교육

② 유치원/어린이집 내 작은 텃밭 운영 (아이들과 함께하는 식물 가꾸기)

③ 폐품 활용 공예 활동 (재활용품으로 장난감 및 작품 만들기)

④ 에너지 절약 캠페인 (조명 끄기, 물 아껴 쓰기 등)

⑤ 기타 (추천 활동 기재)

2) 캠페인에서 중요하다고 생각하는 요소

① 아이들이 쉽게 참여할 수 있는 간단한 활동

② 가정에서도 이어질 수 있는 실천 방법

③ 재미와 교육을 동시에 제공하는 활동

④ 지역사회와 연계할 수 있는 프로그램

⑤ 기타 (추천 요소 기재)

3) 캠페인 활동에서 기대하는 효과

① 아이들이 환경보호의 중요성을 배우고 실천할 수 있는 기회

② 지속 가능한 생활 습관 형성

③ 부모님과 기관이 협력하여 환경보호를 실천

④ 지역사회와 함께하는 환경보호 활동 참여

⑤ 기타 (기대 효과 기재)

4) 추가 의견 및 제안

① 추천하시는 환경보호 캠페인 아이디어

② 캠페인 진행 시 고려해야 할 사항

③ 기타 건의 사항

환경보호 캠페인은 아이들에게 자연과 환경을 사랑하는 마음을 심어주는 중요한 기회가 될 것입니다.

학부모님의 소중한 의견과 참여로 더욱 의미 있고 효과적인 캠페인을 만들 수 있도록 많은 관심 부탁드립니다. 기타 문의 사항이 있으시면 언제든 연락 주십시오. 감사합니다.

○○유치원/어린이집

06 원내 장난감 도서관 운영 시간 및 활용 방식 조사

안녕하십니까? 유치원/어린이집 원장입니다. 아이들에게 다양한 장난감을 경험할 수 있는 기회를 제공하고, 가정에서도 놀이를 확장할 수 있도록 장난감 도서관 운영을 계획하고 있습니다. 운영 시간과 활용 방식을 학부모님의 의견에 따라 구성하고자 하오니, 많은 관심과 참여 부탁드립니다.

[장난감 도서관 운영 시간 및 활용 방식 조사 안내]

✓ 조사 목적

아이들의 창의력과 흥미를 높일 수 있는 장난감 대여 시스템 구축

학부모님의 일정과 필요를 반영하여 효율적인 운영 시간과 방식을 마련

가정과 기관 간의 놀이 연계를 강화

✓ 조사 항목 및 선택 내용

1) 선호하는 운영 시간

① 평일 오후 시간대 (예: 4:00 ~ 6:00)

② 주말 시간대 (예: 토요일 오전 10:00 ~ 12:00)

③ 유연한 시간 예약제 운영

④ 기타 (추천 시간대 기재)

2) 장난감 도서관 활용 방식 선호도

① 자유롭게 방문하여 장난감 선택 후 대여

② 사전 예약을 통한 정해진 시간 방문

③ 정기적으로 추천 장난감을 대여해주는 시스템

④ 기타 (추천 방식 기재)

3) 선호하는 대여 장난감 유형

① 창의력 장난감 (블록, 조립 키트 등)

② 역할 놀이 장난감 (주방 놀이, 병원 놀이 세트 등)

③ 과학 탐구 장난감 (현미경, 실험 키트 등)

④ 신체 활동 장난감 (공, 균형 놀이 기구 등)

⑤ 기타 (추천 장난감 기재)

4) 장난감 도서관에서 기대하는 효과

① 다양한 장난감을 경험하며 아이의 흥미와 창의력 증진

② 가정에서도 양질의 놀이 환경 제공

③ 불필요한 장난감 구매를 줄이고 자원 활용 최적화

④ 부모와 아이 간의 상호작용 강화

⑤ 기타 (기대 효과 기재)

5) 추가 의견 및 제안

① 추천하시는 운영 방식이나 장난감 종류

② 운영 시 고려해야 할 사항

③ 기타 건의 사항

장난감 도서관은 아이들에게 다양한 놀이 경험을 제공하며, 학부모님과 아이들이 함께 놀이를 즐길 수 있는 기회를 마련합니다. 학부모님의 소중한 의견이 더욱 효과적이고 만족스러운 운영을 만드는 데 큰 도움이 됩니다. 많은 관심과 참여 부탁드립니다. 기타 문의 사항이 있으시면 언제든 연락 주십시오.

감사합니다.

○○유치원/어린이집

07 아이들 놀이용품(자전거, 트램펄린 등) 추가 구비 희망 조사

안녕하십니까? 유치원/어린이집 원장입니다. 아이들이 더욱 즐겁고 안전하게 놀 수 있도록, 놀이용품을 추가 구비할 계획입니다. 학부모님의 소중한 의견을 반영하여 아이들에게 필요한 놀이용품을 선정하고자 하오니, 많은 관심과 참여 부탁드립니다.

[놀이용품 추가 구비 희망 조사 안내]

✓ 조사 목적
　아이들의 놀이 활동을 다양화하고 안전하게 지원할 수 있는 용품 선정
　학부모님의 의견을 바탕으로 적합한 놀이용품을 구비
　놀이를 통해 신체 활동과 창의력을 동시에 증진

✓ 조사 항목 및 선택 내용
　1) 선호하는 놀이용품 유형
　　　① 자전거 및 킥보드 (균형감과 운동 능력 향상)
　　　② 트램펄린 (점프 놀이를 통한 신체 발달)
　　　③ 공놀이 세트 (농구 골대, 축구 골대 등)
　　　④ 모래놀이 및 물놀이 용품 (실외 놀이 강화)
　　　⑤ 기타 (추천 놀이용품 기재)
　2) 놀이용품 활용 장소 선호도
　　　① 야외 놀이 공간 (운동장, 마당 등)
　　　② 실내 놀이 공간 (다목적실, 체육 공간 등)
　　　③ 이동 가능한 놀이용품 (교실 및 외부에서 활용 가능)
　　　④ 기타 (추천 장소 기재)
　3) 놀이용품 구비 시 고려해야 할 사항
　　　① 안전성 (사용 중 부상의 위험 최소화)
　　　② 내구성 (장기적으로 사용할 수 있는 품질)
　　　③ 연령별 적합성 (아이들의 발달 단계에 맞는 용품)
　　　④ 다수의 아이들이 함께 사용할 수 있는 용품
　　　⑤ 기타 (고려 사항 기재)
　4) 추가 의견 및 제안
　　　① 추천하시는 놀이용품
　　　② 놀이용품 활용과 관련한 기대 사항
　　　③ 기타 건의 사항

놀이용품은 아이들의 즐거운 놀이와 건강한 성장을 지원하는 중요한 요소입니다. 학부모님의 소중한 의견이 더욱 안전하고 재미있는 놀이 환경을 제공하는 데 큰 도움이 됩니다. 많은 관심과 참여 부탁드립니다. 기타 문의 사항이 있으시면 언제든 연락 주십시오. 감사합니다.

○○유치원/어린이집

08 교실 리모델링 필요 구역 및 디자인 선호 조사

안녕하십니까? 유치원/어린이집 원장입니다. 아이들에게 더 편안하고 창의적인 학습 및 놀이 환경을 제공하기 위해 교실 리모델링을 계획하고 있습니다. 리모델링의 필요 구역과 디자인에 대한 학부모님의 소중한 의견을 반영하고자 하오니, 많은 관심과 참여 부탁드립니다.

[교실 리모델링 필요 구역 및 디자인 선호 조사 안내]

✓ 조사 목적
  아이들의 학습과 놀이 효율을 높일 수 있는 교실 환경 조성
  학부모님의 의견을 바탕으로 실용적이고 아름다운 디자인 구성
  다수와 소수의 의견을 모두 고려하여 만족도 높은 환경 구축

✓ 조사 항목 및 선택 내용
  1) 리모델링이 필요하다고 생각하는 구역
    ① 학습 구역 (책상, 의자, 칠판 등)
    ② 놀이 구역 (역할 놀이 공간, 블록 놀이 구역 등)
    ③ 휴식 구역 (휴게소파, 독서 공간 등)
    ④ 수납 공간 (책장, 장난감 및 교구 정리함 등)
    ⑤ 기타 (추천 구역 기재)
  2) 선호하는 교실 디자인 요소
    ① 밝고 아늑한 색감 (파스텔 톤, 자연색 등)
    ② 아이들의 창의력을 자극하는 테마 디자인 (자연, 우주, 동화 등)
    ③ 효율적인 공간 활용 (다목적 구역, 접이식 가구 등)
    ④ 친환경 재료 사용 (나무, 무독성 페인트 등)
    ⑤ 기타 (추천 디자인 기재)
  3) 리모델링 시 중요하게 고려해야 할 사항
    ① 안전성 (모서리 보호, 미끄럼 방지 등)
    ② 내구성 (장기 사용이 가능한 자재)
    ③ 유지 관리의 용이성 (청소와 정리가 쉬운 구조)
    ④ 아이들의 연령별 특성에 맞는 설계
    ⑤ 기타 (고려 사항 기재)
  4) 리모델링 후 기대하는 효과
    ① 아이들의 집중력 및 학습 능력 향상
    ② 놀이 및 창의적 활동 촉진
    ③ 쾌적하고 정돈된 환경 제공
    ④ 기타 (기대 효과 기재)
  5) 추가 의견 및 제안

① 추천하시는 디자인 아이디어

② 리모델링과 관련한 우려 또는 개선점

③ 기타 건의 사항

   교실 환경은 아이들의 학습과 정서적 안정에 큰 영향을 미칩니다. 학부모님의 소중한 의견이 아이들에게 더욱 편안하고 즐거운 교실을 제공하는 데 큰 도움이 됩니다. 많은 관심과 참여 부탁드립니다.

   기타 문의 사항이 있으시면 언제든 연락 주십시오. 감사합니다.

○○유치원/어린이집

09 특별활동 및 지역사회 프로그램 등 외부 강사 프로그램 선호도 여부 조사

   안녕하십니까? 유치원/어린이집 원장입니다.

   아이들에게 다양한 경험과 학습 기회를 제공하고자, 특별활동 및 지역사회 프로그램의 일환으로 외부 강사 초청 프로그램을 준비하고 있습니다. 학부모님의 의견을 반영하여 프로그램 구성을 더욱 알차게 하고자 하오니 많은 관심과 참여 부탁드립니다.

[특별활동 및 외부 강사 프로그램 선호도 조사 안내]

✓ 조사 목적

   아이들에게 흥미롭고 교육적인 특별활동 제공

   학부모님의 의견을 반영하여 적합한 외부 강사 프로그램 구성

   지역사회와의 연계를 통한 다양한 경험 확대

✓ 조사 항목 및 선택 내용

  1) 선호하는 외부 강사 프로그램 주제

     ① 미술 활동 (예: 창의 미술, 자연물 공예)

     ② 음악 활동 (예: 리듬 악기 체험, 노래 및 율동 교실)

     ③ 과학 체험 (예: 간단한 실험, 자연 탐구)

     ④ 전통문화 체험 (예: 전통놀이, 한지 공예)

     ⑤ 기타 (추천 주제 기재)

  2) 선호하는 프로그램 형태

     ① 체험 중심 프로그램 (아이들이 직접 참여하는 활동)

     ② 시청각 학습 프로그램 (영상과 설명을 통한 활동)

③ 부모님과 아이가 함께 참여할 수 있는 협력 활동

④ 기타 (추천 형태 기재)

3) 프로그램 운영 빈도 선호도

① 주 1회

② 월 1회

③ 기타 (추천 빈도 기재)

4) 프로그램에서 기대하는 효과

① 아이들의 창의력 및 흥미 증진

② 새로운 경험을 통해 학습의 다양성 확대

③ 부모님과 아이 간의 상호작용 강화

④ 지역사회와의 연계를 통한 사회성 증진

⑤ 기타 (기대 효과 기재)

5) 추가 의견 및 제안

① 추천하고 싶은 외부 강사 프로그램 아이디어

② 프로그램 진행 시 고려해야 할 사항

③ 기타 건의 사항

외부 강사 프로그램은 아이들에게 다양한 학습 기회를 제공하고, 새로운 경험을 통해 성장할 수 있는 소중한 시간이 될 것입니다. 학부모님의 소중한 의견이 더욱 풍부하고 알찬 프로그램을 준비하는 데 큰 도움이 됩니다. 많은 관심과 참여 부탁드립니다. 기타 문의 사항이 있으시면 언제든 연락 주십시오.

○○유치원/어린이집

10 연중 방과 후 프로그램(예: 음악, 미술) 희망 과목 조사

안녕하십니까? 유치원/어린이집 원장입니다. 아이들이 방과 후에도 흥미와 창의력을 발휘하며 즐겁게 배울 수 있도록, 연중 방과 후 프로그램을 운영하고자 합니다. 학부모님의 의견을 반영하여 아이들에게 적합한 과목을 구성하고자 하오니, 많은 관심과 참여 부탁드립니다.

[연중 방과 후 프로그램 희망 과목 조사 안내]

✓ 조사 목적

아이들의 흥미와 발달 단계를 고려한 방과 후 프로그램 과목 선정

학부모님의 의견을 바탕으로 알찬 프로그램 구성

다수와 소수 의견을 모두 존중하여 균형 잡힌 프로그램 제공

✓ 조사 항목 및 선택 내용
  1) 희망하는 방과 후 과목
     ① 음악 활동 (예: 리듬 악기, 노래 배우기, 기초 피아노)
     ② 미술 활동 (예: 창의 미술, 종이 공예, 그림 그리기)
     ③ 신체 활동 (예: 요가, 체육 놀이, 댄스)
     ④ 언어 활동 (예: 동화 읽기, 기초 영어, 말하기 활동)
     ⑤ 과학 및 탐구 활동 (예: 간단한 실험, 자연 탐구)
     ⑥ 기타 (추천 과목 기재)
  2) 선호하는 프로그램 운영 형태
     ① 주 1회 운영
     ② 주 2회 운영
     ③ 월별 집중 운영 (특정 주에 집중적으로 진행)
     ④ 기타 (추천 운영 형태 기재)
  3) 방과 후 프로그램 운영 시간 선호도
     ① 오후 4:00 ~ 5:00
     ② 오후 5:00 ~ 6:00
     ③ 기타 (추천 시간대 기재)
  4) 프로그램에서 기대하는 효과
     ① 아이들의 창의력 및 흥미 증진
     ② 기초 학습 능력 향상
     ③ 사회성 및 협동 능력 강화
     ④ 신체 발달 및 건강 증진
     ⑤ 기타 (기대 효과 기재)
  5) 추가 의견 및 제안
     ① 추천하고 싶은 방과 후 프로그램 아이디어
     ② 프로그램 운영 시 고려해야 할 사항
     ③ 기타 건의 사항

방과 후 프로그램은 아이들이 즐겁고 유익한 시간을 보내며 성장할 수 있는 좋은 기회가 될 것입니다.
학부모님의 소중한 의견이 더욱 풍부하고 만족스러운 프로그램을 준비하는 데 큰 도움이 됩니다.
많은 관심과 참여 부탁드립니다.

○○유치원/어린이집

학부모 참여 및 소통 관련

01 학부모 간담회 진행 시간 및 형식 조사

안녕하십니까? 유치원/어린이집 원장입니다.

학부모님들과 소통하며 어린이집 운영과 아이들의 교육에 대한 의견을 나누는 학부모 간담회를 계획하고 있습니다. 간담회가 더욱 효율적이고 편안한 소통의 장이 될 수 있도록, 학부모님께서 선호하시는 시간과 형식에 대해 의견을 조사하고자 하오니 많은 참여 부탁드립니다.

[학부모 간담회 진행 시간 및 형식 조사 안내]

✔ 조사 목적

　학부모님의 일정에 맞춘 간담회 시간 선정

　선호하는 간담회 형식을 반영하여 효율적인 소통 및 정보 공유

　다수와 소수 의견을 모두 존중하여 편안한 소통 환경 조성

✔ 조사 항목 및 선택 내용

　1) 간담회 진행 시간 선호도

　　① 평일 오전 (예: 10:00 ~ 11:00)

　　② 평일 오후 (예: 4:00 ~ 5:00)

　　③ 주말 오전 (예: 토요일 10:00 ~ 11:00)

　　④ 기타 (추천 시간대 기재)

　2) 간담회 형식 선호도

　　① 대면 간담회 (기관 내 회의실 또는 교실에서 진행)

　　② 온라인 간담회 (화상 회의 플랫폼 활용)

　　③ 혼합형 간담회 (대면과 온라인 병행)

　　④ 기타 (추천 형식 기재)

　3) 간담회에서 다루고 싶은 주요 주제

　　① 기관 운영 및 교육 방향

　　② 아이들의 발달 및 교육 프로그램 소개

　　③ 학부모님과의 협력을 통한 아이 지도 방법

　　④ 기타 (추천 주제 기재)

　4) 간담회에서 기대하는 효과

　　① 기관 운영 및 교육에 대한 이해 증진

② 학부모님 간의 정보 및 의견 교류

③ 아이들의 성장과 발달을 위한 협력 강화

④ 기타 (기대 효과 기재)

  5) 추가 의견 및 제안

① 간담회에서 다루었으면 하는 내용

② 간담회 진행 시 고려해야 할 사항

③ 기타 건의 사항

학부모 간담회는 기관과 가정이 함께 아이들의 성장을 도모하는 소중한 시간입니다. 학부모님의 소중한 의견이 간담회를 더욱 의미 있는 자리로 만드는 데 큰 힘이 됩니다. 많은 관심과 참여 부탁드립니다. 감사합니다.

○○유치원/어린이집

02 학부모 특강에서 듣고 싶은 주제 조사

안녕하십니까? 유치원/어린이집 원장입니다.

학부모님의 자녀 양육과 교육에 도움을 드리고자, 다양한 전문가를 초청하여 학부모 특강을 준비하고 있습니다. 특강에서 다루고 싶은 주제에 대한 학부모님의 소중한 의견을 반영하고자 하오니 많은 관심과 참여 부탁드립니다.

[학부모 특강 희망 주제 조사 안내]

✓ 조사 목적

학부모님의 필요와 관심사를 반영한 맞춤형 특강 준비

자녀 양육 및 교육에 실질적으로 도움이 되는 정보 제공

다수와 소수 의견을 모두 고려하여 유익한 특강 구성

✓ 조사 항목 및 선택 내용

  1) 특강에서 듣고 싶은 주요 주제

① 자녀의 발달 단계별 양육법

② 긍정적인 부모-자녀 관계 형성 방법

③ 자녀의 문제 행동 지도와 대처법

④ 건강과 영양 관리 (식습관, 알레르기 등)

⑤ 기타 (추천 주제 기재)

  2) 관심 있는 특강 유형

① 육아 및 교육 관련 최신 트렌드 소개

② 실습 중심 특강 (예: 놀이 기법, 스토리텔링 등)

③ 전문가 상담 및 Q&A 세션 포함

④ 기타 (추천 유형 기재)

3) 선호하는 특강 시간

① 평일 오전 (10:00 ~ 11:30)

② 평일 오후 (4:00 ~ 5:30)

③ 주말 오전 (토요일 10:00 ~ 11:30)

④ 기타 (추천 시간대 기재)

4) 특강 참여에서 기대하는 효과

① 자녀 양육과 교육에 대한 자신감 향상

② 실질적인 양육 및 교육 팁 습득

③ 다른 학부모와의 소통 및 공감대 형성

④ 기타 (기대 효과 기재)

5) 추가 의견 및 제안

① 특강에서 다루었으면 하는 구체적인 내용

② 특강 운영 시 고려해야 할 사항

③ 기타 건의 사항

학부모 특강은 자녀 양육과 교육에 있어 새로운 시각과 지식을 제공하는 소중한 기회입니다. 학부모님의 소중한 의견이 특강을 더욱 의미 있고 유익한 시간으로 만들어 줄 것입니다. 많은 관심과 참여 부탁드립니다. 감사합니다.

○○유치원/어린이집

03 학부모 참여 캠페인(재활용 활동, 독서 캠페인) 희망 조사

안녕하십니까? 유치원/어린이집 원장입니다.

학부모님과 아이들이 함께 참여하며 의미 있는 활동을 할 수 있는 학부모 참여 캠페인을 준비하고 있습니다. 캠페인의 주제와 활동을 학부모님의 관심과 필요를 반영하여 구성하고자 하오니 많은 관심과 참여 부탁드립니다.

[학부모 참여 캠페인 희망 주제 조사 안내]

✓ 조사 목적

학부모님과 아이들이 함께 참여할 수 있는 활동 구성

환경보호와 교육적 가치를 담은 캠페인 기획

다수와 소수 의견을 반영하여 모두가 즐길 수 있는 활동 제공

✓ 조사 항목 및 선택 내용

　1) 희망하는 캠페인 주제

　　　① 재활용 활동 캠페인 (예: 가정에서 재활용품 모아 함께 활용하기, 재활용 공예)

　　　② 독서 캠페인 (예: 가족 독서 시간, 아이와 함께 만든 독서 일기)

　　　③ 건강과 운동 캠페인 (예: 부모-아이가 함께하는 체육 활동, 걷기 챌린지)

　　　④ 환경보호 캠페인 (예: 유치원/어린이집 주변 정화 활동, 식물 심기)

　　　⑤ 기타 (추천 캠페인 주제 기재)

　2) 선호하는 활동 형태

　　　① 유치원/어린이집에서 진행하는 실시간 참여 캠페인

　　　② 가정에서 이어지는 연계 활동

　　　③ 지역사회와 연계된 공동 캠페인

　　　④ 기타 (추천 활동 형태 기재)

　3) 캠페인 참여 기대 효과

　　　① 아이들과의 유대감 강화

　　　② 가정과 기관의 협력 증진

　　　③ 교육적이고 의미 있는 경험 제공

　　　④ 환경과 사회에 긍정적인 영향 기여

　　　⑤ 기타 (기대 효과 기재)

　4) 추가 의견 및 제안

　　　① 추천하시는 캠페인 아이디어

　　　② 캠페인 운영 시 고려해야 할 사항

　　　③ 기타 건의 사항

학부모 참여 캠페인은 가족이 함께 성장하고 의미 있는 시간을 보낼 수 있는 소중한 기회입니다.

학부모님의 소중한 의견이 캠페인을 더욱 알차고 뜻깊게 만드는 데 큰 도움이 됩니다. 많은 관심과 참여 부탁드립니다. 감사합니다.

○○유치원/어린이집

04 부모 상담 주간 시간대 및 운영 방법 조사

안녕하십니까? 유치원/어린이집 원장입니다.

아이들의 성장과 발달을 함께 점검하고, 학부모님과의 소통을 강화하기 위해 부모 상담 주간을 운영하고자 합니다. 상담이 원활히 이루어질 수 있도록 학부모가 선호하시는 시간대와 운영 방식을 조사하고자 하오니, 많은 관심과 참여 부탁드립니다.

[부모 상담 주간 시간대 및 운영 방법 조사 안내]

✓ 조사 목적

학부모님의 일정에 맞춘 상담 시간대 구성

선호하는 운영 방식을 반영하여 효과적인 상담 환경 제공

다수와 소수 의견을 모두 고려하여 만족도 높은 상담 주간 운영

✓ 조사 항목 및 선택 내용

1) 선호하는 상담 시간대

① 평일 오전 (10:00 ~ 12:00)

② 평일 오후 (2:00 ~ 4:00)

③ 평일 저녁 (6:00 ~ 7:30)

④ 기타 (추천 시간대 기재)

2) 선호하는 상담 운영 방식

① 대면 상담 (어린이집에서 진행)

② 비대면 상담 (화상 회의나 전화 상담)

③ 기타 (추천 방식 기재)

3) 상담에서 다루고 싶은 주요 주제

① 아이의 발달 상황 및 교육 방향

② 아이의 생활 습관 및 문제 행동 지도

③ 가정과 기관 간 협력 방안

④ 기타 (추천 주제 기재)

4) 상담 주간에서 기대하는 효과

① 아이의 발달에 대한 깊은 이해

② 학부모님과 기관 간 신뢰 관계 형성

③ 아이의 성장과 교육을 위한 협력 강화

④ 기타 (기대 효과 기재)

5) 추가 의견 및 제안

① 상담에서 다루었으면 하는 세부 내용

② 기타 건의 사항

109

부모 상담 주간은 학부모님과 기관이 함께 아이들의 성장을 점검하고 미래를 계획하는 소중한 시간입니다. 학부모님의 소중한 의견이 상담 주간을 더욱 의미 있고 유익한 시간으로 만들어 줄 것입니다.

많은 관심과 참여 부탁드립니다. 기타 문의 사항이 있으시면 언제든 연락 주십시오. 감사합니다.

○○유치원/어린이집

05 소통 방식 선호도 조사(알림장, 웹사이트, 지면, 게시판, 문자 등)

안녕하십니까? 유치원/어린이집 원장입니다.

아이들의 성장과 교육을 위해 교사와 학부모님의 원활한 소통은 매우 중요합니다. 하지만 간혹 근무 시간 외의 연락으로 어려움이나 누락 등의 문제 상황이 있는 부분을 감안하여 기관의 소통 방식을 개선 하고자 합니다. 또한 교사의 일상과 개인의 존중을 위해 문자 및 카카오톡을 통한 비공식적인 소통을 중지하고, 보다 체계적이고 효율적인 소통 방식을 도입하고자 합니다.

부모님께서 선호하시는 소통 방식을 조사하여 앞으로의 소통 방향을 결정하고자 하오니 많은 관심과 참여 부탁드립니다.

[소통 방식 선호도 조사 안내]

✓ 조사 목적

　　교사의 업무 효율성과 학부모님의 편의를 모두 고려한 소통 방식 도입

　　체계적이고 공정한 소통 환경 조성

　　학부모님과 기관 간의 원활한 정보 전달

✓ 조사 항목 및 선택 내용

　1) 선호하는 공식 소통 방식

　　　① 알림장 활용 및 안내문 (주간 또는 월간 소식지)

　　　② 기관 공식 웹사이트 (공지사항, 일정 안내 등)

　　　③ 지면 공지 (게시판, 프린트된 안내문 등)

　　　④ 기타 (추천 소통 방식 기재)

　2) 소통 내용에 따라 선호하는 방식

　　　① 일반 공지 (알림장, 게시판 등)

　　　② 긴급 상황 알림 (문자 메시지 또는 앱 알림)

　　　③ 개별 상담 및 문의 (전화 예약 또는 대면 상담)

　　　④ 기타 (추천 방식 기재)

　3) 소통 방식 변경에 대한 기대 효과

① 교사의 개인 보호와 업무 집중도 향상
② 학부모님의 편리한 정보 접근 가능
③ 체계적이고 명확한 정보 전달
④ 기타 (기대 효과 기재)
4) 추가 의견 및 제안
① 소통 방식 변경에 대해 걱정되거나 제안하고 싶은 내용
② 기타 건의 사항

교사의 개인 존중과 학부모님의 소통 편의성을 모두 충족시키는 환경을 만들고자 이번 조사를 진행하고 있습니다. 학부모님의 소중한 의견이 더욱 공정하고 효과적인 소통 방식을 마련하는 데 큰 힘이 됩니다. 많은 관심과 참여 부탁드립니다. 기타 문의 사항이 있으시면 언제든 연락 주십시오. 감사합니다.

○○유치원/어린이집

06 1년 동안 개선했으면 하는 운영 부분 의견 조사

안녕하십니까? 유치원/어린이집 원장입니다.

아이들이 더 나은 환경에서 성장하고 학부모님께 만족스러운 서비스를 제공하기 위해, 1년 동안 개선했으면 하는 기관의 운영 부분에 대한 학부모님의 소중한 의견을 듣고자 합니다. 학부모님의 의견을 바탕으로 운영 계획을 점검하고 개선 방안을 마련하오니 많은 관심과 참여 부탁드립니다.

[운영 개선 의견 조사 안내]

✓ 조사 목적
학부모님의 의견을 통해 어린이집 운영의 강점과 개선이 필요한 부분 파악
아이들의 복지와 교육 환경을 향상시키는 방향으로 개선
학부모님과의 소통을 강화하여 신뢰와 만족도 향상

✓ 조사 항목 및 선택 내용
1) 개선이 필요하다고 생각하는 운영 부분
① 교육 프로그램 (연간 교육 내용, 특별활동 등)
② 급식 및 간식 제공 (메뉴 구성, 영양 균형 등)
③ 놀이 환경 (실내외 놀이 공간, 장난감 및 교구 등)
④ 기타 (추천 운영 부분 기재)
2) 우선적으로 개선되었으면 하는 사항
① 시설 개선 (교실, 놀이 공간 등)

② 안전 관리 (위생 설비, 사고 예방 등)

③ 교사 지원 (교사 교육, 근무 환경 개선 등)

④ 학부모 참여 프로그램 (간담회, 부모 참여 수업 등)

⑤ 기타 (추천 개선 사항 기재)

3) 운영 개선 시 기대하는 효과

① 아이들의 교육 및 발달 향상

② 유치원/어린이집에 대한 신뢰 및 만족도 상승

③ 안전하고 쾌적한 환경 조성

④ 부모-기관 간 협력 강화

⑤ 기타 (기대 효과 기재)

4) 추가 의견 및 제안

① 추천하시는 개선 아이디어

② 기타 건의 사항

기관의 운영 개선은 아이들의 행복과 학부모님의 신뢰를 위한 중요한 과정입니다. 학부모님의 소중한 의견이 아이들을 위한 더 나은 환경을 만드는 데 큰 도움이 됩니다. 많은 관심과 참여 부탁드립니다.

기타 문의 사항이 있으시면 언제든 연락 주십시오. 감사합니다.

○○유치원/어린이집

07 기관 운영위원회 활동 참여 의향 조사

안녕하십니까? 유치원/어린이집 원장입니다. 기관 운영의 투명성과 학부모님과의 협력을 강화하기 위해 운영위원회를 운영하고 있습니다. 운영위원회 활동에 관심을 가지고 참여하고자 하시는 학부모님의 의향을 조사하고자 하오니 많은 관심과 참여 부탁드립니다.

[운영위원회 활동 참여 의향 조사 안내]

✓ 조사 목적

학부모님의 의견을 적극적으로 반영하여 기관의 운영 방향 설정

학부모님과 기관 간의 협력 강화 및 소통의 장 마련

투명하고 공정한 기관 운영을 위한 학부모 참여 활성화

✓ 조사 항목 및 선택 내용

1) 운영위원회 활동 참여 의향

① 적극적으로 참여하고 싶다

② 필요 시 참여하고 싶다

③ 참여 의향은 없지만 관심은 있다

④ 기타 (의견 기재)

2) 운영위원회에서 관심 있는 활동 분야

① 기관 운영 관련 정책 및 방향 논의

② 기관 행사 및 프로그램 기획 및 지원

③ 급식 및 간식 관리

④ 시설 및 안전 관리

⑤ 기타 (추천 활동 기재)

3) 운영위원회 활동에서 기대하는 효과

① 기관 운영에 대한 이해와 신뢰 증진

② 학부모와 기관 간의 협력 강화

③ 아이들에게 더 나은 환경과 교육 제공

④ 기타 (기대 효과 기재)

4) 추가 의견 및 제안

① 운영위원회 활성화를 위한 제안 사항

② 기타 건의 사항

운영위원회는 기관과 가정이 함께 협력하여 아이들에게 더 나은 환경과 교육을 제공하기 위한 중요한 역할을 합니다. 학부모님의 소중한 의견과 참여가 운영위원회를 더욱 의미 있는 활동으로 만들 것입니다. 많은 관심과 참여 부탁드립니다. 기타 문의 사항이 있으시면 언제든 연락 주십시오. 감사합니다.

○○유치원/어린이집

08 부모 대상 워크숍(육아, 심리) 주제 선호 조사

안녕하십니까? 유치원/어린이집 원장입니다.

학부모님의 자녀 양육과 심리적 안정을 돕기 위해 부모 대상 워크숍을 계획하고 있습니다. 워크숍에서 다루었으면 하는 주제에 대한 학부모님의 소중한 의견을 반영하여 더욱 유익한 프로그램을 구성하고자 하오니 많은 관심과 참여 부탁드립니다.

[부모 대상 워크숍 주제 선호 조사 안내]

✓ 조사 목적

자녀 양육과 부모님 자신의 심리적 건강에 도움이 되는 주제 선정

학부모님의 필요와 관심사를 반영한 맞춤형 워크숍 기획
워크숍을 통해 부모님 간의 정보와 경험을 공유할 수 있는 장 마련

✓ 조사 항목 및 선택 내용
  1) 관심 있는 육아 주제
      ① 자녀의 발달 단계별 양육법
      ② 문제 행동 지도 및 대처법
      ③ 긍정적인 부모-자녀 관계 형성 방법
      ④ 자녀의 언어 및 사회성 발달 지원
      ⑤ 기타 (추천 주제 기재)
  2) 관심 있는 심리 주제
      ① 부모의 스트레스 관리 및 심리적 안정 방법
      ② 긍정적인 양육 태도를 위한 심리적 접근
      ③ 자녀의 정서 발달과 감정 조절 지도
      ④ 부부 간 협력 및 의사소통 방법
      ⑤ 기타 (추천 주제 기재)
  3) 선호하는 워크숍 형태
      ① 강의형 워크숍 (전문가의 이론 강의 중심)
      ② 실습형 워크숍 (놀이 및 사례 중심의 실습)
      ③ 상담형 워크숍 (소규모 그룹 상담 포함)
      ④ 혼합형 워크숍 (강의와 실습 병행)
      ⑤ 기타 (추천 형식 기재)
  4) 선호하는 워크숍 시간
      ① 평일 오전 (10:00 ~ 12:00)
      ② 평일 오후 (2:00 ~ 4:00)
      ③ 기타 (추천 시간대 기재)
  5) 추가 의견 및 제안
      ① 추천하고 싶은 워크숍 주제나 강사
      ② 기타 건의 사항

부모 워크숍은 자녀 양육과 부모님의 건강한 삶에 도움을 주는 소중한 기회입니다. 학부모님의 소중한 의견이 워크숍을 더욱 유익하고 풍성한 시간으로 만드는 데 큰 도움이 됩니다. 많은 관심과 참여 부탁드립니다. 감사합니다.

○○유치원/어린이집

09 월별 소통 간담회 필요 여부 및 희망 주제 조사

안녕하십니까? 유치원/어린이집 원장입니다.

기관과 학부모님 간의 원활한 소통과 협력을 위해 월별 소통 간담회를 운영하는 방안을 검토하고 있습니다. 본 조사를 통해 소통 간담회 운영의 필요성에 대한 의견을 주시면, 이를 바탕으로 간담회 운영 여부 및 계획을 수립하고자 하오니 많은 관심과 참여 부탁드립니다.

[월별 소통 간담회 필요 여부 조사 안내]

✓ 조사 목적

    기관과 학부모님 간 소통 강화 및 협력 도모

    학부모님의 의견을 바탕으로 간담회 운영 방향 결정

    다수와 소수 의견을 고려하여 모두가 만족할 수 있는 소통의 장 마련

✓ 조사 항목 및 선택 내용

    1) 월별 소통 간담회 운영 필요성

        ① 매우 필요하다 (정기적인 간담회가 효과적이라고 생각함)

        ② 필요하다 (간헐적으로 운영해도 괜찮음)

        ③ 필요하지 않다 (다른 소통 방식이 더 효율적이라고 생각함)

        ④ 기타 (의견 기재)

    2) 간담회에서 다루고 싶은 주요 주제

        ① 기관 운영 관련 및 기타 육아 정보 공유

        ② 아이들의 발달 및 교육 프로그램 논의

        ③ 기타 (추천 주제 기재)

    3) 선호하는 간담회 운영 방식

        ① 대면 간담회 (어린이집 내에서 진행)

        ② 온라인 간담회 (화상 회의 플랫폼 활용)

        ③ 기타 (추천 방식 기재)

    4) 선호하는 간담회 시간대

        ① 평일 오전 (10:00 ~ 11:00)

        ② 평일 오후 (2:00 ~ 3:00)

        ③ 저녁 시간 (6:00 ~ 7:00)

        ④ 기타 (추천 시간대 기재)

    5) 추가 의견 및 제안

        ① 소통 강화 및 협력 방안을 위한 추가 아이디어

        ② 기타 건의 사항

소통 간담회는 기관과 학부모님이 협력하여 아이들에게 더 나은 환경과 교육을 제공하기 위한 중요한 시간입니다. 학부모님의 소중한 의견이 간담회를 더욱 의미 있고 유익하게 만드는 데 큰 도움이 됩니다. 많은 관심과 참여 부탁드립니다. 감사합니다.

○○유치원/어린이집

10 부모 자조 모임 및 동아리 관련 의견 조사

안녕하십니까? 유치원/어린이집 원장입니다 학부모님께서 서로의 경험과 지식을 나누며, 자녀 양육과 관련된 도움과 공감을 받을 수 있도록 부모 자조 모임 및 동아리 활동을 계획하고 있습니다.

학부모님의 관심과 필요를 반영하여 모임 및 동아리를 구성하고자 하오니, 많은 관심과 참여 부탁드립니다.

[부모 자조 모임 및 동아리 관련 의견 조사 안내]

✓ 조사 목적
　학부모님 간의 네트워크 형성과 양육 경험 공유
　학부모님이 함께 참여하며 즐길 수 있는 활동 구성
　자조 모임을 통해 가정과 기관 간 협력 강화

✓ 조사 항목 및 선택 내용
　1) 관심 있는 부모 자조 모임 주제
　　① 육아 정보 공유 모임 (발달 단계별 양육 정보)
　　② 부모 심리 지원 모임 (스트레스 해소, 감정 관리)
　　③ 놀이 및 교육 활동 개발 모임 (가정에서 실천 가능한 활동)
　　④ 기타 (추천 주제 기재)
　2) 관심 있는 부모 동아리 활동 분야
　　① 독서 동아리 (부모를 위한 책 읽기 및 토론)
　　② 예술 동아리 (미술, 공예, 음악 등)
　　③ 건강 동아리 (요가, 걷기, 운동 등)
　　④ 환경 동아리 (재활용 활동, 친환경 캠페인)
　　⑤ 기타 (추천 분야 기재)
　3) 선호하는 모임 및 동아리 운영 방식
　　① 정기적인 오프라인 모임 (기관 내 또는 외부 장소)
　　② 온라인 중심 모임 (화상 회의, SNS 그룹 활용)
　　③ 혼합형 운영 (오프라인과 온라인 병행)
　　④ 기타 (추천 방식 기재)
　4) 참여 의향 및 기대 효과
　　① 적극적으로 참여하고 싶다
　　② 필요에 따라 참여하고 싶다
　　③ 참여 의향은 없지만 관심은 있다
　5) 추가 의견 및 제안
　　① 자조 모임 및 동아리에서 다루었으면 하는 내용
　　② 기타 건의 사항

부모 자조 모임과 동아리는 부모님 간의 소통과 협력을 증진시키고, 서로의 경험과 지식을 나눌 수 있는 소중한 기회입니다. 학부모님의 소중한 의견이 모임을 더욱 풍성하고 유익한 시간으로 만드는 데 큰 도움이 됩니다. 많은 관심과 참여 부탁드립니다. 관련하여 좋은 의견이 있다면 언제든 연락주세요. 감사합니다.

○○유치원/어린이집

교육 및 활동 관련

01 특별교육 프로그램(예: 안전 교육, 성교육) 추가 필요 여부 조사

안녕하십니까? 유치원/어린이집 원장입니다. 아이들의 건강하고 안전한 성장을 돕기 위해 특별교육 프로그램(예: 안전 교육, 성교육)을 확대할 방안을 검토하고 있습니다.

학부모님께서 특별교육 프로그램의 필요성에 대한 의견을 주시면, 이를 바탕으로 추가 도입 여부와 세부 계획을 수립하고자 하오니 많은 관심과 참여 부탁드립니다.

[특별교육 프로그램 추가 필요 여부 조사 안내]

✓ 조사 목적

아이들의 안전, 건강, 및 올바른 성장을 위한 교육 필요성 점검

학부모님의 의견을 반영하여 효과적이고 유익한 프로그램 구성

특별교육 프로그램을 통해 기관과 가정의 협력 강화

✓ 조사 항목 및 선택 내용

1) 추가로 필요하다고 생각하는 특별교육 프로그램

① 안전 교육 (화재 예방, 대피 훈련 등)

② 성교육 (몸의 소중함과 자기 보호 방법)

③ 위생교육 (손 씻기, 감염병 예방 등)

④ 환경교육 (재활용, 친환경 생활습관)

⑤ 기타 (추천 프로그램 기재)

2) 프로그램 운영 선호 방식

① 정기적으로 운영 (월 1회 또는 분기별 1회)

② 필요 시 집중 교육 (특정 시기에 집중 운영)

③ 부모 참여형 교육 프로그램 (가정과 연계)

④ 기타 (추천 방식 기재)

3) 프로그램에서 다루었으면 하는 주요 내용

① 실제 생활에 필요한 실습 중심 교육

② 연령별 맞춤형 교육 내용

③ 가정에서도 이어질 수 있는 실천 방법 안내

④ 기타 (추천 내용 기재)

4) 프로그램 도입 시 기대하는 효과

① 아이들의 안전 인식 및 보호 능력 강화

② 건강한 생활습관 형성

③ 기타 (기대 효과 기재)

5) 추가 의견 및 제안

① 추천하고 싶은 특별교육 프로그램 주제

② 기타 건의 사항

특별교육 프로그램은 아이들이 안전하고 건강하게 성장할 수 있는 기반을 마련하는 중요한 활동입니다.
학부모님의 소중한 의견이 프로그램을 더욱 알차고 유익하게 만드는 데 큰 도움이 됩니다. 많은 관심과 참여 부탁드립니다. 감사합니다.

○○유치원/어린이집

02 체험학습 주제 및 연령별 적합성 의견 조사

안녕하십니까? 유치원/어린이집 원장입니다.
아이들의 다양한 경험과 배움을 위해 체험학습을 계획하고 있습니다. 학부모님께서 체험학습 주제와 연령별 적합성에 대해 의견을 주시면, 이를 바탕으로 더욱 효과적이고 즐거운 체험학습을 구성하고자 하오니 많은 관심과 참여 부탁드립니다.

[체험학습 주제 및 연령별 적합성 의견 조사 안내]

✓ 조사 목적

아이들의 발달 단계와 흥미를 고려한 체험학습 주제 선정

연령별로 적합하고 교육적인 체험 프로그램 구성

학부모님의 의견을 반영하여 만족도 높은 체험학습 제공

✓ 조사 항목 및 선택 내용

1) 희망하는 체험학습 주제

① 자연 탐험 (예: 농장 체험, 숲 탐방)

② 문화 체험 (예: 전통놀이, 박물관 견학)

③ 직업 체험 (예: 소방서, 경찰서, 도서관 견학)

④ 과학 및 창의 체험 (예: 과학관 견학, 실험 활동)

⑤ 기타 (추천 주제 기재)

2) 연령별 적합한 체험학습 주제

① 0~2세: 감각놀이 중심 (촉감 놀이, 동물 체험)

② 3~4세: 관찰 및 탐구 중심 (자연 관찰, 직업 체험)

③ 5~6세: 창의적 탐구 및 활동 중심 (과학 실험, 문화 체험)

④ 기타 (추천 연령별 활동 기재)

3) 체험학습에서 중요하게 생각하는 요소

① 안전성 (아이들의 안전을 최우선으로 고려)

② 교육적 가치 (발달 단계에 맞는 학습 효과)

③ 흥미 유발 (아이들이 즐겁게 참여할 수 있는 활동)

④ 기타 (추천 요소 기재)

4) 체험학습 도입 시 기대하는 효과

① 아이들의 호기심 및 탐구심 향상

② 새로운 경험을 통한 학습 확장

③ 사회성과 협력 능력 강화

④ 기타 (기대 효과 기재)

5) 추가 의견 및 제안

① 추천하고 싶은 체험학습 주제나 장소

② 기타 건의 사항

체험학습은 아이들이 새로운 경험을 통해 세상을 배우고 성장할 수 있는 소중한 기회입니다. 학부모님의 소중한 의견이 체험학습을 더욱 유익하고 의미 있는 시간으로 만드는 데 큰 도움이 됩니다. 많은 관심과 참여 부탁드립니다. 기타 문의 사항이 있으시면 언제든 연락 주십시오. 감사합니다.

○○유치원/어린이집

03 다문화 이해 및 장애 이해 교육 선호 내용 조사

안녕하십니까? 유치원/어린이집 원장입니다.

아이들에게 다문화와 장애에 대한 올바른 이해와 포용의 가치를 심어주기 위해 관련 교육을 준비하고 있습니다. 학부모님의 의견을 바탕으로 더욱 효과적이고 알찬 교육 내용을 구성하고자 하오니 많은 관심과 참여 부탁드립니다.

[다문화 이해 및 장애 이해 교육 선호 내용 조사 안내]

✓ 조사 목적

아이들에게 다양성과 포용의 가치를 알리는 교육 구성

학부모님의 의견을 반영하여 연령별 적합한 교육 내용 마련

다문화와 장애 이해를 통해 아이들의 사회성과 감수성 증진

✓ 조사 항목 및 선택 내용
  1) 희망하는 다문화 이해 교육 내용
      ① 다양한 국가의 문화 소개 (음식, 의상, 언어 등)
      ② 다문화 친구와의 공감과 소통 방법
      ③ 세계 여러 나라의 전통 놀이 체험
      ④ 기타 (추천 내용 기재)
  2) 희망하는 장애 이해 교육 내용
      ① 장애에 대한 올바른 개념 이해
      ② 장애를 가진 친구와의 소통과 협력 방법
      ③ 장애 체험 활동 (예: 휠체어 체험, 시각장애 체험)
      ④ 기타 (추천 내용 기재)
  3) 교육에서 중요하게 생각하는 요소
      ① 아이들의 눈높이에 맞춘 쉽고 재미있는 활동
      ② 실제 사례와 체험 중심의 학습
      ③ 포용과 배려의 가치를 자연스럽게 배우는 기회
      ④ 부모와 함께하는 참여형 교육 프로그램
      ⑤ 기타 (추천 요소 기재)
  4) 교육 도입 시 기대하는 효과
      ① 다양성과 포용성에 대한 이해 향상
      ② 다른 사람과의 공감 및 협력 능력 강화
      ③ 선입견과 편견 없는 건강한 사회성 형성
      ④ 기타 (기대 효과 기재)
  5) 추가 의견 및 제안
      ① 추천하고 싶은 교육 활동이나 내용
      ② 교육 운영 시 고려해야 할 사항
      ③ 기타 건의 사항

 다문화와 장애 이해 교육은 아이들이 열린 마음으로 세상을 배우고, 모두를 존중하는 태도를 기르는 데 중요한 기회입니다. 학부모님의 소중한 의견이 교육을 더욱 풍성하고 의미 있는 시간으로 만들어 줄 것입니다. 많은 관심과 참여 부탁드립니다.

○○유치원/어린이집

04 직업 체험 활동 방식 및 주제 희망 조사

안녕하십니까? 유치원/어린이집 원장입니다. 아이들에게 다양한 직업을 소개하고 미래에 대한 꿈을 키워 줄 수 있는 직업 체험 활동을 계획하고 있습니다. 활동의 주제와 방식에 대해 학부모님의 소중한 의견을 듣고 자 하오니 많은 관심과 참여 부탁드립니다.

[직업 체험 활동 방식 및 주제 희망 조사 안내]

✓ 조사 목적

　아이들의 흥미와 발달 단계를 고려한 직업 체험 활동 구성

　학부모님의 의견을 반영하여 의미 있고 교육적인 프로그램 마련

　직업 체험을 통해 아이들의 꿈과 상상력을 키우는 기회 제공

✓ 조사 항목 및 선택 내용

　1) 희망하는 직업 체험 주제

　　① 의료직 (의사, 간호사, 약사 등)

　　② 공공서비스직 (소방관, 경찰관, 우체부 등)

　　③ 문화 및 예술직 (미술가, 음악가, 배우 등)

　　④ 과학 및 기술직 (과학자, 엔지니어, 프로그래머 등)

　　⑤ 기타 (추천 주제 기재)

　2) 선호하는 체험 활동 방식

　　① 역할 놀이 중심 (의사 놀이, 소방관 놀이 등)

　　② 현장 체험 중심 (소방서, 병원, 도서관 견학 등)

　　③ 기타 (추천 방식 기재)

　3) 체험 활동에서 중요하게 생각하는 요소

　　① 아이들의 흥미와 상상력을 자극하는 재미 요소

　　② 직업에 대한 기초적 이해를 돕는 교육적 요소

　　③ 안전한 환경에서 이루어지는 체험

　　④ 기타 (추천 요소 기재)

　4) 추가 의견 및 제안

　　① 추천하고 싶은 직업 체험 활동 아이디어

　　② 기타 건의 사항

직업 체험 활동은 아이들에게 새로운 경험을 제공하고 미래의 꿈을 키울 수 있는 소중한 기회입니다.

학부모님의 소중한 의견이 활동을 더욱 유익하고 즐거운 시간으로 만드는 데 큰 도움이 됩니다.

많은 관심과 참여 부탁드립니다. 감사합니다.

○○유치원/어린이집

안녕하십니까? 유치원/어린이집 원장입니다. 아이들에게 환경보호의 중요성과 지속 가능한 생활 습관을 심어주기 위해 ESG 교육(환경, 사회, 지배구조)을 계획하고 있습니다.

학부모님의 의견을 바탕으로 교육 내용을 구성하고자 하오니 많은 관심과 참여 부탁드립니다.

[환경보호 및 ESG 교육 내용 선호도 조사 안내]

✓ 조사 목적
아이들의 눈높이에 맞는 환경보호 및 지속 가능성 교육 구성
학부모님의 의견을 반영하여 유익하고 의미 있는 프로그램 마련
유치원/어린이집과 가정이 함께 실천할 수 있는 교육 콘텐츠 개발

✓ 조사 항목 및 선택 내용
1) 희망하는 환경보호 및 ESG 교육 주제
① 재활용과 분리배출의 중요성 배우기
② 친환경 생활 습관 (에너지 절약, 물 아껴 쓰기 등)
③ 나무 심기와 식물 키우기 체험
④ 동물과 자연 보호의 필요성
⑤ 기타 (추천 주제 기재)
2) 선호하는 교육 방식
① 체험 중심 교육 (재활용 공예, 텃밭 가꾸기 등)
② 이야기와 영상 중심 교육 (동화책, 애니메이션 활용)
③ 놀이 중심 교육 (환경 관련 게임과 노래)
④ 부모 참여형 교육 (가정에서 함께 실천 가능한 활동)
⑤ 기타 (추천 방식 기재)
3) 교육에서 중요하게 생각하는 요소
① 아이들의 관심과 흥미를 끌 수 있는 재미 요소
② 가정에서도 연계 가능한 실천적 활동
③ 지역사회와 협력 가능한 프로그램
④ 지속 가능성과 환경보호의 가치를 쉽게 이해할 수 있는 내용
⑤ 기타 (추천 요소 기재)
4) 추가 의견 및 제안
① 추천하고 싶은 ESG 교육 활동이나 내용
② 기타 건의 사항

ESG 교육은 아이들에게 환경보호와 사회적 책임의 가치를 알려주는 중요한 기회입니다. 학부모님의 소중한 의견이 교육을 더욱 풍성하고 유익한 시간으로 만들어 줄 것입니다. 많은 관심과 참여 부탁드립니다. 기타 문의 사항이 있으시면 언제든 연락 주십시오. 감사합니다.

○○유치원/어린이집

06 명절 놀이 체험 및 전통(절기)문화 활동 주제 조사

안녕하십니까? 유치원/어린이집 원장입니다.

아이들이 우리의 전통 명절과 절기 문화를 체험하며, 전통의 소중함을 배우는 명절 놀이 체험 및 전통 문화 활동을 계획하고 있습니다. 학부모님의 의견을 바탕으로 더 풍성하고 교육적인 프로그램을 구성하고자 하오니 많은 관심과 참여 부탁드립니다.

[명절 놀이 체험 및 전통(절기) 문화 활동 주제 조사 안내]

✓ 조사 목적

　　아이들에게 전통 명절과 절기에 대한 이해와 흥미를 높이는 활동 구성

　　학부모님의 의견을 반영하여 다양하고 창의적인 프로그램 마련

　　전통 문화와 현대적 감각을 접목한 활동 기획

✓ 조사 항목 및 선택 내용

　1) 희망하는 명절 및 절기 체험 활동 주제

　　　① 설날: 윷놀이, 한복 입기, 떡국 만들기

　　　② 추석: 송편 만들기, 강강술래, 전통놀이 체험

　　　③ 단오: 창포물 머리 감기 체험, 그네 타기, 씨름 놀이

　　　④ 정월대보름: 오곡밥 나누기, 달집 태우기 놀이

　　　⑤ 기타 (추천 명절 및 절기 활동 기재)

　2) 전통 놀이 체험에서 선호하는 활동

　　　① 민속놀이 (제기차기, 투호놀이, 굴렁쇠 굴리기)

　　　② 전통 공예 (연 만들기, 한지 공예, 탈 만들기)

　　　③ 전통 음식 체험 (김치 담그기, 전 만들기)

　　　④ 전통 의상 체험 (한복 입기, 전통 장신구 만들기)

　　　⑤ 기타 (추천 활동 기재)

　3) 전통(절기) 문화 교육에서 중요하게 생각하는 요소

　　　① 전통의 의미와 배경 설명

　　　② 놀이와 체험을 통한 자연스러운 학습

　　　③ 다양한 지역, 국가의 전통을 소개하는 활동

　　　⑤ 기타 (추천 요소 기재)

　4) 추가 의견 및 제안

　　　① 추천하고 싶은 전통 체험 활동이나 프로그램

　　　② 기타 건의 사항

명절과 절기 문화 활동은 아이들이 전통의 가치를 배우고 즐거운 추억을 쌓을 수 있는 소중한 시간입니다. 학부모님의 소중한 의견이 프로그램을 더욱 유익하고 풍성하게 만드는 데 큰 도움이 됩니다.

많은 관심과 참여 부탁드립니다. 기타 문의 사항이 있으시면 언제든 연락 주십시오. 감사합니다.

○○유치원/어린이집

07 작품 전시회 개최 형태(실내, 야외) 및 참여 방법 조사

안녕하십니까? 유치원/어린이집 원장입니다.

아이들이 한 해 동안 창작한 작품을 함께 감상하고 공유할 수 있는 작품 전시회를 개최하고자 합니다.

전시회의 형태와 참여 방법에 대한 학부모님의 의견을 반영하여 더욱 특별하고 뜻깊은 전시회를 준비하고자 하오니 많은 관심과 참여 부탁드립니다.

[작품 전시회 개최 형태 및 참여 방법 조사 안내]

✔ 조사 목적

아이들의 창작 활동을 더욱 빛내는 전시회 형태 구성

학부모님의 참여 방법과 기대를 반영한 전시회 기획

기관과 가정이 함께 소통하고 감동을 나눌 수 있는 기회 마련

✔ 조사 항목 및 선택 내용

1) 선호하는 전시회 개최 형태

① 실내 전시회 (기관 내 전시 공간 활용)

② 야외 전시회 (기관의 놀이터, 공원 등 야외 공간 활용)

③ 혼합형 전시회 (실내외 병행 전시)

④ 기타 (추천 형태 기재)

2) 전시회 참여 방법 선호도

① 부모와 자녀가 함께 방문하는 가족 중심 전시

② 부모님이 개별적으로 관람 가능한 자유 전시

③ 기타 (추천 참여 방법 기재)

3) 전시회에서 기대하는 주요 요소

① 아이들의 작품을 강조하는 전시 구성

② 관람 중 아이와 함께 체험 가능한 창의적 활동

③ 작품에 담긴 이야기와 설명 제공

④ 가족 간의 소통과 추억을 남길 수 있는 기회

⑤ 기타 (추천 요소 기재)

4) 추가 의견 및 제안

① 추천하고 싶은 전시회 주제나 형태

② 기타 건의 사항

작품 전시회는 아이들의 창작 활동을 자랑스럽게 공유하고, 부모님과 기관이 함께 감동을 나누는 소중한 시간입니다. 학부모님의 소중한 의견이 전시회를 더욱 풍성하고 의미 있게 만드는 데 큰 도움이 됩니다. 많은 관심과 참여 부탁드립니다. 기타 문의 사항이 있으시면 언제든 연락 주십시오. 감사합니다.

○○유치원/어린이집

08 조부모-아이 참여 프로그램 주제 및 선호 방식 조사

안녕하십니까? 유치원/어린이집 원장입니다.

아이들에게 조부모님과 함께 특별한 추억을 만들고, 세대 간의 소통을 강화할 수 있는 조부모-아이 참여 프로그램을 계획하고 있습니다. 학부모님과 조부모님의 의견을 반영하여 더욱 알차고 즐거운 프로그램을 구성하고자 하오니 많은 관심과 참여 부탁드립니다.

[조부모-아이 참여 프로그램 주제 및 선호 방식 조사 안내]

✓ 조사 목적

조부모와 아이가 함께하는 활동을 통해 정서적 유대감 강화

세대 간 소통을 돕고 전통의 가치를 전달하는 프로그램 마련

학부모님의 의견을 반영하여 다양한 참여 기회 제공

✓ 조사 항목 및 선택 내용

1) 희망하는 프로그램 주제

① 전통 놀이 체험 (제기차기, 투호놀이, 한지 공예 등)

② 요리 체험 (송편 만들기, 전통 떡 만들기 등)

③ 자연 체험 (텃밭 가꾸기, 식물 심기 등)

④ 추억의 놀이 (굴렁쇠, 땅따먹기, 사방치기 등)

⑤ 기타 (추천 주제 기재)

2) 선호하는 프로그램 운영 방식

① 기관에서 진행하는 대면 프로그램

② 가정에서 조부모와 함께 실천 가능한 연계 활동

③ 지역사회와 연계한 프로그램 (공원, 문화센터 등)

④ 기타 (추천 방식 기재)

3) 프로그램에서 중요하게 생각하는 요소

① 아이들의 흥미와 적극적인 참여 유도

② 조부모님의 참여를 고려한 쉬운 활동 구성

③ 세대 간 소통을 돕는 상호작용 중심 프로그램

④ 전통과 현대를 연결하는 창의적인 활동

⑤ 기타 (추천 요소 기재)

4) 조부모-아이 참여 프로그램 도입 시 기대하는 효과

① 세대 간 정서적 유대감 강화

② 전통 놀이와 문화를 배우는 기회 제공

③ 조부모님의 육아 경험과 지혜를 공유

④ 기타 (기대 효과 기재)

5) 추가 의견 및 제안
　　① 추천하고 싶은 프로그램 주제나 활동
　　② 기타 건의 사항

　조부모-아이 참여 프로그램은 아이들이 전통과 가치를 배우고, 조부모님과 특별한 시간을 나눌 수 있는 소중한 기회입니다. 학부모님의 소중한 의견이 프로그램을 더욱 풍성하고 의미 있는 시간으로 만드는 데 큰 도움이 됩니다. 많은 관심과 참여 부탁드립니다.

○○유치원/어린이집

09 체험전 및 공연 관련 체험 활동 선호 의견 조사

안녕하십니까? 유치원/어린이집 원장입니다.
아이들에게 창의력과 흥미를 키울 수 있는 체험전 및 공연 관련 체험 활동을 계획하고 있습니다.
이번 활동은 아이들의 성장과 발달을 돕는 특별한 경험이 될 것입니다. 학부모님의 의견을 바탕으로 더욱 알찬 프로그램을 준비하고자 하오니, 설문에 참여 부탁드립니다.

[체험전 및 공연 관련 체험 활동 선호 의견 조사]
✓ 희망하는 체험전 및 공연 주제: 아래 항목 중 선호하는 주제를 선택해 주세요.
　　① 예술 체험 (미술 전시, 조각 만들기 등)
　　② 과학 체험 (실험 활동, 별자리 체험 등)
　　③ 동화 체험 (동화극, 캐릭터와 함께하는 활동)
　　④ 자연 체험 (동물 만남, 생태 관찰 등)
　　⑤ 기타: (직접 기재)
✓ 선호하는 체험 활동 방식: 아이들에게 적합하다고 생각하는 방식을 선택해 주세요.
　　① 직접 참여하는 체험형 프로그램
　　② 관람과 체험을 병행하는 혼합형 프로그램
　　③ 부모와 함께하는 협력형 프로그램
　　④ 기타: (직접 기재)
✓ 공연에서 선호하는 활동: 아래 공연 중 선호하는 활동을 선택해 주세요.
　　① 음악 공연 (악기 연주, 합창 등)
　　② 연극 및 동화극
　　③ 마술 및 퍼포먼스 쇼

④ 댄스 및 율동 공연
⑤ 기타: (직접 기재)
✓ 중요하게 생각하는 요소: 체험 활동 및 공연에서 가장 중요하다고 생각하는 요소를 선택해 주세요.
　① 아이들의 흥미를 끌 수 있는 재미 요소
　② 교육적 가치와 학습 효과
　③ 안전하고 쾌적한 체험 환경
　④ 부모님과 함께 즐길 수 있는 참여 기회
　⑤ 기타: (직접 기재)

　체험전과 공연 활동은 아이들에게 배움과 즐거움을 동시에 제공하는 소중한 기회입니다. 학부모님의 소중한 의견이 프로그램을 더욱 유익하고 즐거운 시간으로 만들어 줄 것입니다. 문의 사항이 있으시면 언제든 연락 주십시오. 감사합니다.

○○유치원/어린이집

10 아이들의 창의력을 높이는 활동 주제 선호도 조사

　안녕하십니까? 유치원/어린이집 원장입니다.
　아이들의 창의력을 키우고 상상력을 자극할 수 있는 다양한 활동을 계획하고 있습니다. 학부모님의 소중한 의견을 반영하여 아이들에게 더욱 흥미롭고 의미 있는 프로그램을 구성하고자 하오니, 설문에 적극적으로 참여해 주시길 부탁드립니다.

[아이들의 창의력을 높이는 활동 주제 선호도 조사]
1. 아래 항목 중 선호하는 주제를 선택해 주세요.
　① 미술 활동 (그림 그리기, 색칠하기, 조형 놀이 등)
　② 음악 활동 (악기 다루기, 리듬 놀이, 창작 노래 만들기)
　③ 과학 실험 (간단한 실험 활동, 창의적 발명 놀이)
　④ 연극 및 동화극 (스토리 만들기, 역할 놀이 등)
　⑤ 자연 체험 (식물 가꾸기, 자연 속 창작 활동)
　⑥ 기타: (직접 기재)
2. 아이들에게 적합하다고 생각하는 방식을 선택해 주세요.
　① 직접 체험형 활동
　② 팀 협동 활동 (친구들과 함께하는 창작 활동)

③ 부모님과 함께하는 창의적 놀이

④ 기타: (직접 기재)

3. 활동에서 가장 중요하다고 생각하는 요소를 선택해 주세요.

① 아이들의 호기심과 흥미를 유발하는 재미 요소

② 스스로 생각하고 창작할 수 있는 자유

③ 다른 친구들과 협력하며 배우는 기회

④ 교육적 가치와 발달 효과

⑤ 기타: (직접 기재)

창의력 활동은 아이들의 상상력을 자극하고, 스스로 생각하며 표현할 수 있는 기회를 제공합니다.

학부모님의 소중한 의견이 활동을 더욱 풍성하고 의미 있게 만드는 데 큰 도움이 됩니다. 감사합니다.

○○유치원/어린이집

특별 운영 및 가정학습기간 관련

01 여름/겨울 가정학습기간 등원 여부 조사

안녕하십니까? 유치원/어린이집 원장입니다.

여름/겨울 가정학습기간 동안 원활한 운영과 학부모님의 편의를 도모하기 위해 등원 여부를 조사하고자 합니다. 학부모님의 계획을 바탕으로 효율적인 학습기간 운영을 준비하고자 하오니 많은 관심과 협조 부탁드립니다.

[여름/겨울 가정학습기간 등원 여부 조사]

✓ 조사 목적

　학부모님의 가정학습기간 계획 파악

　효율적인 어린이집 운영 및 교사 배치 준비

　아이들의 안정적인 학습 환경 제공

✓ 조사 항목 및 선택 내용

　1) 등원 여부

　　① 등원 예정 (가정학습기간에도 정상 등원)

　　② 등원하지 않음 (가정학습 기간 동안 가정에서 학습)

　　③ 기타: (상세 계획 기재)

　2) 등원 기간 선택

　여름/겨울 가정학습기간 (예: ○○월 ○일 ~ ○일)

　　① 전 기간 등원

　　② 일부 기간 등원 (구체적인 날짜 기재)

　3) 가정학습 대체 활동 희망 여부

　　① 제공 희망 (가정에서 활용 가능한 학습 자료 요청)

　　② 필요 없음 (별도의 학습 자료 필요하지 않음)

　　③ 기타: (추천 또는 요청 사항 기재)

　4) 기타 의견 및 요청 사항

　　① 가정학습 기간 동안 기관 운영에 대해 건의하고 싶은 사항

　　② 아이의 학습 및 돌봄 관련 요청

　　③ 기타 의견 기재

가정학습기간은 아이들이 가정과 기관에서 균형 잡힌 학습과 휴식을 즐길 수 있는 소중한 시간입니다.
학부모님의 소중한 의견이 원활하고 효율적인 운영을 준비하는 데 큰 도움이 됩니다.
기타 문의 사항이 있으시면 언제든 연락 주십시오. 감사합니다.

○○유치원/어린이집

02 가정학습기간 중 놀이 운영 등 희망 조사

안녕하십니까? 유치원/어린이집 원장입니다.
가정학습기간 동안 아이들이 집에서도 즐겁고 의미 있는 시간을 보낼 수 있도록 놀이 운영 및 활동을 지원하고자 합니다. 학부모님의 의견을 바탕으로 가정과 연계할 수 있는 놀이와 활동을 구성하고자 하오니 많은 관심과 참여 부탁드립니다.

[가정학습기간 중 놀이 운영 및 활동 희망 조사]

✓ 조사 목적

　가정학습기간 동안 아이들의 놀이 및 학습 지원

　가정에서 쉽게 활용 가능한 놀이와 활동 제공

　학부모님과 기관 간 협력을 통해 아이들의 발달과 즐거움을 지원

✓ 조사 항목 및 선택 내용

　1) 희망하는 놀이 및 활동 주제

　　① 창의 미술 활동 (색칠하기, 만들기, 스티커 놀이 등)

　　② 과학 실험 놀이 (간단한 실험, 탐구 활동 등)

　　③ 동화책과 연계한 독서 놀이

　　④ 신체 놀이 (집에서 할 수 있는 간단한 운동 및 율동)

　　⑤ 기타: (추천 주제 기재)

　2) 놀이 자료 제공 방식 선호도

　　① 키트 제공 (활동에 필요한 자료 키트 배포)

　　② 온라인 자료 제공 (동영상, PDF 자료 등)

　　③ 가정에서 준비 가능한 간단한 활동 제안

　　④ 기타: (추천 방식 기재)

　3) 놀이 및 활동에서 중요하게 생각하는 요소

　　① 아이들의 흥미와 참여도

② 부모님과 함께할 수 있는 활동

③ 교육적 가치와 발달 효과

④ 준비가 간단하고 실행이 쉬운 활동

⑤ 기타: (추천 요소 기재)

　가정학습기간은 아이들이 가족과 함께 즐겁고 의미 있는 시간을 보내며 성장할 수 있는 소중한 시간입니다. 학부모님의 소중한 의견이 더욱 풍성하고 유익한 활동을 구성하는 데 큰 도움이 됩니다.

　많은 관심과 참여 부탁드립니다. 기타 문의 사항이 있으시면 언제든 연락 주십시오. 감사합니다.

○○유치원/어린이집

03　재난 상황 등 긴급 휴원 시 등원 여부 조사

　안녕하십니까? 유치원/어린이집 원장입니다.

　예기치 못한 재난 상황(자연재해, 전염병 확산 등)으로 긴급 휴원이 필요한 경우, 학부모님과 아이들의 안전을 최우선으로 고려한 운영 방안을 준비하고자 합니다. 이에 따라 긴급 휴원 시 등원 필요 여부를 조사하오니 많은 관심과 참여 부탁드립니다.

[재난 상황 등 긴급 휴원 시 등원 여부 조사]

✔ 조사 목적

　긴급 상황 발생 시 학부모님의 돌봄 필요 상황 파악

　안전을 최우선으로 한 운영 방안 마련

　학부모님과 기관 간 원활한 협력 체계 구축

✔ 조사 항목 및 선택 내용

　1) 긴급 휴원 시 등원 필요 여부

　　① 등원이 필요하다 (가정에서 돌봄이 어려운 경우)

　　② 등원이 필요하지 않다 (가정에서 돌봄 가능)

　　③ 기타: (상세 사유 기재)

　2) 등원 필요 시간대

　　① 전일 등원 (오전 9시 ~ 오후 4시)

　　② 반일 등원 (오전 9시 ~ 12시 또는 오후 1시 ~ 4시)

　　③ 기타: (희망 시간대 기재)

3) 긴급 상황 시 중요하게 생각하는 운영 요소
　　① 아이들의 안전 확보 (위생, 대피 계획 등)
　　② 최소한의 돌봄 인원 확보
　　③ 가정과의 실시간 소통 체계 구축
　　④ 기타: (추천 요소 기재)
4) 긴급 휴원 시 추가 의견 및 요청 사항
　　① 긴급 휴원 시 요청 사항 기재
　　② 기타 의견 기재

　재난 상황에서도 아이들의 안전과 돌봄을 최우선으로 생각하며, 학부모님과의 협력을 통해 효율적이고 안전한 운영 체계를 마련하겠습니다. 학부모님의 소중한 의견이 안전하고 신속한 대응을 준비하는 데 큰 도움이 됩니다. 감사합니다.

○○유치원/어린이집

04 보육 중 응급상황 발생 시 대처 방법 의견 조사

　안녕하십니까? 유치원/어린이집 원장입니다.
　아이들의 안전을 최우선으로 생각하며, 보육 중 발생할 수 있는 응급상황에 대한 대처 방법을 점검하고자 합니다. 학부모님의 소중한 의견을 반영하여 더욱 안전하고 체계적인 대응 방안을 마련하고자 하오니 많은 관심과 참여 부탁드립니다.

[보육 중 응급상황 발생 시 대처 방법 의견 조사]
✓ 조사 목적
　응급상황 발생 시 부모님이 기대하는 대처 방법 파악
　기관의 안전 관리 및 응급 대처 체계 강화
　아이들의 안전과 학부모님의 신뢰를 위한 최선의 운영 방안 마련
✓ 조사 항목 및 선택 내용
　1) 응급상황 발생 시 가장 중요하게 생각하는 대처 요소
　　① 아이의 상태를 신속하고 정확하게 파악
　　② 부모님께 신속히 연락 및 상황 공유
　　③ 기관 내 기본 응급처치 시행
　　④ 필요 시 의료 기관으로 신속히 이송

⑤ 기타: (기타 의견 기재)
2) 부모님께 상황 공유를 희망하는 방법(가장 중요시 하는 항목)
① 즉각적인 전화 연락
② 응급 상황 발생 후 전 과정에 대한 안내
③ 응급 상황 종료 후 상세 보고 제공
④ 기타: (추천 방법 기재)
3) 응급상황 대처 시 기관에서 기대하는 역할
① 전문 응급처치 교육을 받은 교사 배치
② 응급상황 매뉴얼과 대처 훈련 강화
③ 의료 기관 및 지역 안전 네트워크 구축
④ 기타: (기대하는 역할 기재)
4) 응급상황 발생 시 부모님의 요청 사항
① 아이 상태와 응급처치 과정에 대한 실시간 공유
② 긴급한 상황이 아닌 경우 가정과 협력하여 대처
③ 사고 이후 부모 상담 및 후속 지원 제공
④ 기타: (요청 및 문의 사항 기재)
5) 추가 의견 및 요청 사항
① 응급상황 관리와 관련하여 기관에 추천하고 싶은 방안
② 기타 의견 기재

응급상황 발생 시 적절하고 신속한 대처는 아이들의 안전과 학부모님의 신뢰를 지키는 데 매우 중요하다고 생각합니다. 학부모님의 소중한 의견이 안전한 기관 운영을 위해 큰 도움이 됩니다. 감사합니다.

○○유치원/어린이집

05 휴일/주말 프로그램 운영 희망 조사

안녕하십니까? 유치원/어린이집 원장입니다.
학부모님의 다양한 일정과 돌봄 필요를 반영하여 휴일/주말 보육 프로그램 운영 여부를 검토하고자 합니다. 이와 관련한 학부모님의 의견을 조사하여 효율적이고 실질적인 운영 방안을 마련하고자 하오니 많은 관심과 참여 부탁드립니다.

[휴일/주말 프로그램 운영 희망 조사]
✓ 조사 목적

휴일/주말 보육 필요 여부 파악

학부모님의 요구와 기대를 반영한 프로그램 구성

가정과 기관 간의 협력 강화 및 돌봄 부담 완화

✓ 조사 항목 및 선택 내용

  1) 휴일/주말 보육 필요 여부

     ① 필요하다 (휴일/주말에도 보육 서비스가 필요함)

     ② 필요하지 않다 (가정에서 돌봄 가능함)

     ③ 기타: (상세 사유 기재)

  2) 선호하는 보육 운영 시간대

     ① 오전 (9:00 ~ 12:00)

     ② 오후 (1:00 ~ 4:00)

     ③ 종일 (9:00 ~ 4:00)

     ④ 기타: (희망 시간대 기재)

  3) 중요하게 생각하는 운영 요소

     ① 아이들의 안전한 환경 제공

     ② 흥미롭고 교육적인 프로그램

     ③ 유연한 시간대 운영

     ④ 기타: (추천 요소 기재)

  4) 추가 의견 및 요청 사항

     ① 추천하고 싶은 프로그램이나 활동

     ② 기타 의견 기재

휴일/주말 보육 프로그램은 학부모님의 일정과 아이들의 즐거운 시간을 동시에 고려하여 구성됩니다. 학부모님의 소중한 의견이 프로그램을 더욱 유익하고 실질적으로 만드는 데 큰 도움이 됩니다.

○○유치원/어린이집

06 부모도우미 (위생, 급식, 청소 등) 참여 희망 조사

안녕하십니까? 유치원/어린이집 원장입니다. 기관의 원활한 운영과 더욱 쾌적한 환경 조성을 위해 부모 도우미 활동을 운영하고자 합니다. 위생, 급식, 청소 등 어린이집 활동에 부모님들의 소중한 도움을 받고자 하며, 참여를 희망하시는 학부모님의 의견을 조사하오니 많은 관심과 참여 부탁드립니다.

[부모 도우미 활동 참여 희망 조사 안내]

✓ 조사 목적

기관과 학부모님의 협력을 통한 아이들에게 더 나은 환경 제공

학부모님 참여로 유치원/어린이집 운영 투명성과 신뢰 강화

부모님과 교사가 함께 만드는 쾌적하고 건강한 보육 환경

✓ 조사 항목 및 선택 내용

1) 부모 도우미 활동 참여 의향

    ① 참여하고 싶다 (정기적 또는 필요 시 참여)

    ② 참여할 의향은 있으나 일정에 따라 달라질 수 있다

    ③ 참여가 어렵다 (사유 기재 가능)

2) 희망하는 활동 분야

    ① 위생 관리 (아이들 교구 정리 및 소독)

    ② 급식 지원 (배식 및 간단한 정리)

    ③ 청소 활동 (교실, 공용 공간 정리 및 관리)

    ④ 기타: (추천 활동 기재)

3) 희망하는 활동 빈도

    ① 정기적 참여 (주 1회 또는 월 1회 등)

    ② 필요 시 참여 (행사나 특별 활동 등)

    ③ 기타: (추천 빈도 기재)

4) 희망하는 활동 시간대

    ① 오전 (9:00 ~ 12:00)

    ② 오후 (1:00 ~ 4:00)

    ③ 기타: (추천 시간대 기재)

5) 부모 도우미 활동에서 중요하게 생각하는 요소

    ① 아이들의 안전과 건강에 도움을 줄 수 있는 활동

    ② 기관 운영에 실질적으로 기여할 수 있는 활동

    ③ 부모님의 시간과 노력을 효율적으로 활용할 수 있는 방식

    ④ 기타: (추천 요소 기재)

6) 추가 의견 및 요청 사항

    ① 부모 도우미 활동과 관련하여 건의하고 싶은 사항

    ② 추천하고 싶은 새로운 활동 아이디어 및 기타 의견 기재

부모 도우미 활동은 기관과 가정이 함께 협력하여 아이들에게 더욱 건강하고 쾌적한 환경을 제공하기 위한 소중한 기회입니다. 학부모님의 소중한 의견과 참여가 기관의 운영에 큰 힘이 됩니다.

많은 관심과 참여 부탁드립니다. 기타 문의 사항이 있으시면 언제든 연락 주십시오. 감사합니다.

○○유치원/어린이집

기타 프로그램 및 운영 관련

01 부모-자녀가 함께 참여하는 놀이 교육 희망 조사

안녕하십니까? 유치원/어린이집 원장입니다.

부모와 자녀가 함께 즐거운 시간을 보내며 교육적인 경험을 쌓을 수 있는 놀이 교육 프로그램을 계획하고 있습니다. 놀이 교육 주제와 방식에 대한 학부모님의 소중한 의견을 반영하여 더욱 의미 있는 프로그램을 구성하고자 하오니 많은 관심과 참여 부탁드립니다.

[부모-자녀가 함께 참여하는 놀이 교육 희망 조사 안내]

✓ 조사 목적

부모와 자녀가 함께 참여하며 소통할 수 있는 놀이 교육 구성

학부모님의 의견을 반영하여 다양한 활동과 주제를 마련

놀이를 통해 부모와 자녀 간의 유대감을 강화

✓ 조사 항목 및 선택 내용

1) 희망하는 놀이 교육 주제

① 창의 미술 놀이 (그림 그리기, 만들기 등)

② 신체 활동 놀이 (율동, 간단한 운동 등)

③ 음악 놀이 (악기 다루기, 노래 만들기 등)

④ 과학 탐구 놀이 (간단한 실험, 자연 탐구 등)

⑤ 요리 놀이 (간단한 간식 만들기 등)

⑥ 기타: (추천 주제 기재)

2) 선호하는 프로그램 운영 방식

① 주말 참여 프로그램 (토요일 오전 또는 오후)

② 평일 오후 프로그램 (근무 후 시간대)

③ 정기적 참여 (월 1회 또는 분기별 1회 등)

④ 기타: (추천 운영 방식 기재)

3) 놀이 교육에서 중요하게 생각하는 요소

① 부모와 자녀가 함께 즐길 수 있는 활동

② 창의력과 호기심을 자극하는 교육적 내용

③ 가정 간 교류와 정보 공유의 기회 제공

④ 기타: (추천 요소 기재)

부모-자녀 놀이 교육 프로그램은 아이들과 부모님이 함께 특별한 시간을 보내며, 의미 있는 추억을 쌓을 수 있는 기회입니다. 학부모님의 소중한 의견이 프로그램을 더욱 풍성하고 즐거운 시간으로 만드는 데 큰 도움이 됩니다. 많은 관심과 참여 부탁드립니다.

○○유치원/어린이집

02 원내 공모전 개최 및 참여 의향 조사

안녕하십니까? 유치원/어린이집 원장입니다.

아이들과 학부모님이 함께 창의적이고 의미 있는 활동을 경험할 수 있는 원내 공모전 개최를 계획하고 있습니다. 공모전의 주제와 운영 방식에 대한 학부모님의 소중한 의견을 반영하여 더욱 알찬 프로그램을 구성하고자 하오니 많은 관심과 참여 부탁드립니다.

[원내 공모전 개최 및 참여 의향 조사 안내]

✓ 조사 목적

  아이들의 창의력과 표현력을 발휘할 기회 제공

  학부모님의 의견을 반영한 공모전 운영 계획 마련

  기관과 가정이 함께하는 소통과 협력의 장 조성

✓ 조사 항목 및 선택 내용

  1) 공모전 참여 의향

    ① 적극적으로 참여하고 싶다 (아이와 함께 작품 제출)

    ② 관람 위주로 참여하고 싶다

    ③ 참여가 어려울 것 같다 (사유 기재 가능)

  2) 희망하는 공모전 주제

    ① 미술 공모전 (그림, 조형물 등)

    ② 사진 공모전 (가족과의 순간, 놀이 활동 등)

    ③ 글쓰기 공모전 (동화, 짧은 에세이)

    ④ 영상 공모전 (아이들과 함께한 활동 영상)

    ⑤ 기타: (추천 주제 기재)

  3) 선호하는 공모전 운영 방식

    ① 기관 내 전시 및 심사

    ② 온라인 공모전 (디지털 제출 및 투표)

    ③ 기타: (추천 운영 방식 기재)

  4) 공모전에서 중요하게 생각하는 요소

① 아이들의 창의력과 개성을 발휘할 수 있는 주제

② 부모님과 자녀가 함께 참여할 수 있는 기회

③ 작품 제출과 참여 과정의 간편함

④ 공정하고 투명한 심사 과정

⑤ 기타: (추천 요소 기재)

원내 공모전은 아이들의 창의력을 발휘하고 학부모님과 함께 즐길 수 있는 특별한 기회입니다.
학부모님의 소중한 의견이 공모전을 더욱 의미 있고 즐거운 행사로 만드는 데 큰 도움이 됩니다.
많은 관심과 참여 부탁드립니다. 기타 문의 사항이 있으시면 언제든 연락 주십시오.

○○유치원/어린이집

03 1년 교육 활동 중 가장 좋았던 프로그램 의견 조사

안녕하십니까? 유치원/어린이집 원장입니다.

아이들과 함께한 1년 동안의 교육 활동을 돌아보며, 학부모가 가장 좋았다고 느끼셨던 프로그램에 대한 의견을 듣고자 합니다. 학부모님의 소중한 피드백을 바탕으로 앞으로의 교육 활동을 더욱 풍성하고 의미 있게 발전시키고자 하오니 많은 관심과 참여 부탁드립니다.

[1년 교육 활동 중 가장 좋았던 프로그램 의견 조사 안내]

✓ 조사 목적

　학부모님의 선호도를 반영하여 아이들에게 더욱 유익한 프로그램 구성

　1년간의 교육 활동을 평가하고 개선 방향 모색

　기관과 가정 간 소통과 협력 강화

✓ 조사 항목 및 선택 내용

　1) 가장 좋았던 프로그램

　　① 창의 미술 활동 (예: 그림 그리기, 조형 놀이 등)

　　② 신체 활동 프로그램 (예: 체육 놀이, 야외 활동 등)

　　③ 특별 체험 활동 (예: 텃밭 가꾸기, 동물 체험 등)

　　④ 문화/예술 프로그램 (예: 동화극, 음악 활동 등)

　　⑤ 가족 참여 프로그램 (예: 부모-자녀 공동 활동)

　　⑥ 기타: (추천 프로그램 기재)

　2) 해당 프로그램을 좋게 느낀 이유

　　① 아이의 흥미와 즐거움

② 학습 효과와 발달 지원

③ 부모님과 아이가 함께 참여할 수 있었던 점

④ 창의력과 상상력을 자극한 점

⑤ 기타: (추천 이유 기재)

3) 개선하거나 추가했으면 하는 부분

프로그램에서 아쉬웠던 점이나 보완했으면 하는 점을 적어주세요.

4) 앞으로 추가되었으면 하는 프로그램

① 자연 탐험 프로그램

② 과학 실험 및 탐구 활동

③ 지역사회와 연계한 체험 활동

④ 다문화 및 환경 교육 프로그램

⑤ 기타: (추천 프로그램 기재)

5) 기타 의견 및 건의사항

1년간의 교육 활동과 관련하여 자유롭게 의견을 남겨주세요.

학부모님의 소중한 의견은 아이들을 위한 더 나은 교육 환경을 만들어가는 데 큰 힘이 됩니다.

1년 동안의 교육 활동을 돌아보며, 함께해 주신 학부모님들께 깊이 감사드리며 앞으로도 더욱 유익한 프로그램을 제공할 수 있도록 최선을 다하겠습니다. 감사합니다.

○○유치원/어린이집

04 부모 참여 캠페인, 프로그램 등 아이디어 조사

안녕하십니까? 유치원/어린이집 원장입니다.

부모님과 어린이집이 함께 협력하여 아이들에게 더 풍성한 경험을 제공할 수 있는 부모 참여 캠페인 및 프로그램을 기획하고자 합니다. 학부모님의 소중한 아이디어를 반영하여 더욱 의미 있고 유익한 활동을 구성하고자 하오니 많은 관심과 참여 부탁드립니다.

[부모 참여 캠페인 및 프로그램 아이디어 조사 안내]

✓ 조사 목적

부모님과 아이가 함께할 수 있는 다양한 활동 구성

기관과 가정 간 협력 강화

아이들에게 더 많은 경험과 배움의 기회 제공

✓ 조사 항목 및 선택 내용

1) 희망하는 부모 참여 캠페인 및 프로그램 주제
　　① 환경 보호 캠페인 (재활용 활동, 나무 심기 등)
　　② 독서 캠페인 (책 읽어주기, 도서 나눔 등)
　　③ 건강 캠페인 (운동 프로그램, 건강 간식 만들기 등)
　　④ 전통 문화 체험 (전통 놀이, 명절 음식 만들기 등)
　　⑤ 기타: (추천 주제 기재)
2) 선호하는 참여 방식
　　① 부모님과 아이가 함께 참여하는 활동
　　② 부모님만 참여하는 활동 (예: 워크숍, 세미나)
　　③ 가정에서 참여 가능한 캠페인 (온라인 또는 자료 배포)
　　④ 기타: (추천 방식 기재)
3) 캠페인 및 프로그램에서 중요하게 생각하는 요소
　　① 아이들과 부모님이 함께 즐길 수 있는 흥미로운 활동
　　② 교육적 가치와 실천 가능한 주제
　　③ 준비가 간편하고 부담 없이 참여 가능한 구성
　　④ 기타: (추천 요소 기재)
4) 기대하는 효과 및 추가 의견
　　부모 참여 캠페인 및 프로그램 도입으로 기대하는 효과나 추천하고 싶은 아이디어를 적어주세요.

　부모 참여 캠페인과 프로그램은 아이들에게 새로운 경험과 배움을 제공하고, 부모님과 기관이 더욱 긴밀하게 협력할 수 있는 기회입니다. 학부모님의 소중한 의견이 캠페인과 프로그램을 더욱 유익하고 즐겁게 만드는 데 큰 힘이 됩니다. 감사합니다.

○○유치원/어린이집

05 기관 특색프로그램 및 특성화 과목 희망 주제 조사

안녕하십니까? 유치원/어린이집 원장입니다.
　아이들에게 더욱 풍성한 배움과 경험을 제공하고자 기관 특색 프로그램 및 특성화 과목을 새롭게 구성하려 합니다. 아이들의 흥미와 발달을 고려하여 학부모님의 소중한 의견을 반영하고자 하오니 많은 관심과 참여 부탁드립니다.

[기관 특색 프로그램 및 특성화 과목 희망 주제 조사 안내]
✓ 조사 목적

아이들의 흥미와 발달을 지원하는 특색 있는 프로그램 마련

학부모님의 요구와 기대를 반영한 특성화 과목 구성

기관과 가정 간 협력 강화

✓ 조사 항목 및 선택 내용

　　1) 희망하는 특색 프로그램 주제

　　　　① 창의 미술 (그림, 조형 놀이 등)

　　　　② 과학 탐구 (실험, 자연 탐구 등)

　　　　③ 신체 활동 (체육 놀이, 요가 등)

　　　　④ 언어 및 독서 활동 (동화 읽기, 이야기 만들기 등)

　　　　⑤ 음악 및 리듬 활동 (악기 다루기, 율동 등)

　　　　⑥ 자연과 환경 (텃밭 가꾸기, 생태 관찰 등)

　　　　⑦ 기타: (추천 주제 기재)

　　2) 희망하는 특성화 과목

　　　　① 영어 또는 외국어 교육

　　　　② 코딩 및 디지털 놀이

　　　　③ 전통 문화와 예절 교육

　　　　④ 환경 보호 및 지속 가능성 교육

　　　　⑤ 기타: (추천 과목 기재)

　　3) 프로그램 및 과목에서 중요하게 생각하는 요소

　　　　① 아이들의 흥미와 참여 유도

　　　　② 교육적 가치와 학습 효과

　　　　③ 가정에서도 연계 가능한 교재와 교구 지원

　　　　④ 기타: (추천 요소 기재)

　　4) 기대하는 효과 및 추가 의견

　　　　특색 프로그램 및 특성화 과목 도입으로 기대하는 효과나 추천하고 싶은 아이디어를 적어주세요.

　　　　기관 특색 프로그램은 아이들이 즐거움과 배움을 동시에 경험하며, 성장하는 데 큰 역할을 합니다.

학부모님의 소중한 의견이 프로그램을 더욱 유익하고 흥미로운 방향으로 만드는 데 큰 도움이 됩니다.

많은 관심과 참여 부탁드립니다. 기타 문의 사항이 있으시면 언제든 연락 주십시오. 감사합니다.

○○유치원/어린이집

안녕하십니까? 유치원/어린이집 원장입니다.

아이들과 학부모님이 함께 즐기고 참여할 수 있는 1년 주요 행사 및 프로그램을 계획하면서, 학부모님의 선호도를 반영하여 더욱 의미 있고 즐거운 활동을 구성하고자 합니다. 학부모님의 소중한 의견을 부탁드리오니 많은 관심과 참여 부탁드립니다.

[1년 주요 행사 및 프로그램 선호도 조사 안내]

✔ 조사 목적

　학부모님의 선호와 기대를 반영하여 다양한 행사와 프로그램 구성

　아이들의 흥미와 발달에 도움을 줄 수 있는 행사 기획

　기관과 가정 간의 협력 강화

✔ 조사 항목 및 선택 내용

　1) 선호하는 주요 행사

　　① 봄 소풍 (야외 체험 및 놀이 활동)

　　② 여름 물놀이 행사 (물놀이 및 안전 교육 포함)

　　③ 가을 체육대회 (가족 참여 포함)

　　④ 겨울 발표회 (아이들의 공연 및 작품 발표)

　　⑤ 기타: (추천 행사 기재)

　2) 선호하는 가족 참여 프로그램

　　① 부모-자녀 공동 체험 활동 (요리, 공예 등)

　　② 부모 참여 캠페인 (독서, 환경 보호 등)

　　③ 가족 단위 야외 체험 프로그램

　　④ 기타: (추천 프로그램 기재)

　3) 선호하는 프로그램 주제

　　① 창의 미술 (그림, 조형물 등)

　　② 음악 및 율동 활동 (악기 연주, 공연 등)

　　③ 과학 탐구 (실험 및 탐구 활동)

　　④ 자연 체험 (텃밭, 생태 관찰 등)

　　⑤ 기타: (추천 주제 기재)

　4) 행사 및 프로그램에서 중요하게 생각하는 요소

　　① 아이들의 흥미와 적극적인 참여 유도

　　② 부모님과 자녀 간의 유대감 형성

　　③ 교육적 가치와 학습 효과

　　④ 안전하고 즐거운 환경 제공

　　⑤ 기타: (추천 요소 기재)

5) 추가 의견 및 건의 사항

　　1년 주요 행사 및 프로그램과 관련하여 추천하고 싶은 아이디어나 건의사항을 자유롭게 적어주세요.

1년 주요 행사와 프로그램은 아이들에게 특별한 추억을 남기고, 학부모님과 함께 소통할 수 있는 소중한 시간입니다. 학부모님의 소중한 의견이 프로그램을 더욱 풍성하고 유익하게 만드는 데 큰 도움이 됩니다.

○○유치원/어린이집

07 기관 운영 방식 및 실태 만족도 및 의견 조사

안녕하십니까? 유치원/어린이집 원장입니다.

아이들의 보육과 교육 환경을 지속적으로 발전시키고자 기관의 운영 방식과 실태에 대한 학부모님의 만족도와 의견을 조사하고자 합니다. 학부모님의 소중한 의견을 바탕으로 더 나은 기관 운영을 위해 노력하겠사오니 많은 관심과 참여 부탁드립니다.

[기관 운영 방식 및 실태 만족도 및 의견 조사 안내]

✓ 조사 목적

　　기관 운영 방식에 대한 학부모님의 만족도 평가

　　운영 개선을 위한 의견 수렴

　　학부모님과 기관 간의 신뢰와 소통 강화

✓ 조사 항목 및 선택 내용

　1) 기관 운영 전반에 대한 만족도

　　　① 매우 만족

　　　② 만족

　　　③ 보통

　　　④ 다소 아쉬운 점이 있음 (사유 기재)

　2) 만족도가 높은 운영 요소

　　　① 교사의 전문성과 아이들에 대한 세심한 보육

　　　② 다양한 교육 프로그램과 활동

　　　③ 안전하고 쾌적한 시설 및 환경

　　　④ 가정과의 소통 및 정보 공유

　　　⑤ 기타: (추천 요소 기재)

　3) 개선이 필요한 운영 요소

　　　① 기관과의 소통 방식

② 보육 및 교육 프로그램의 다양성

③ 안전 관리 및 시설 개선

④ 부모 참여 활동의 기회 확대

⑤ 기타: (추천 요소 기재)

4) 기관 운영 방식에서 중요하게 생각하는 요소

① 아이들의 안전과 건강 관리

② 교육적 가치와 발달 지원

③ 부모와의 원활한 소통과 협력

④ 시설 및 환경의 지속적인 개선

⑤ 기타: (추천 요소 기재)

5) 추가 의견 및 건의 사항

기관 운영 전반에 대한 자유로운 의견을 적어주세요.

기관의 운영 방식에 대한 학부모님의 소중한 의견은 아이들에게 더 나은 보육 환경을 제공하고 기관을 발전시키는 데 큰 힘이 됩니다. 많은 관심과 참여 부탁드립니다. 기타 문의 사항이 있으시면 언제든 연락 주십시오. 감사합니다.

○○유치원/어린이집

08 졸업 후 연계 프로그램 희망 주제 및 의견 조사

안녕하십니까? 유치원/어린이집 원장입니다.

우리 기관을 졸업한 아이들이 지속적으로 성장하고, 새로운 환경에 적응할 수 있도록 돕기 위해 연계 프로그램을 기획하고자 합니다. 학부모님의 소중한 의견을 바탕으로 아이들에게 유익하고 실질적인 연계 프로그램을 구성하고자 하오니 많은 관심과 참여 부탁드립니다.

[졸업 후 연계 프로그램 희망 주제 및 의견 조사 안내]

✓ 조사 목적

졸업 후 아이들의 발달과 적응을 지원하는 프로그램 마련

학부모님의 요구와 기대를 반영한 연계 활동 구성

기관과 가정 간의 지속적인 협력 강화 및 지역사회 발전에 이바지

✓ 조사 항목 및 선택 내용

1) 희망하는 연계 프로그램 주제

① 초등학교 적응 지원 프로그램 (기초 학습, 학교 생활 적응 등)

② 사회성 및 대인관계 향상 프로그램

③ 창의 예술 활동 (미술, 음악 등)

④ 과학 탐구 활동 (실험, 자연 탐구 등)

⑤ 기타: (추천 주제 기재)

2) 선호하는 연계 프로그램 운영 방식

① 기관에서 정기적으로 진행하는 프로그램

② 온라인 자료 및 활동 제공

③ 외부 기관과 연계한 체험 활동

④ 부모님과 함께 참여할 수 있는 협력 프로그램

⑤ 기타: (추천 방식 기재)

3) 프로그램 도입 시 기대하는 효과 및 추가 의견

연계 프로그램을 통해 기대하는 효과나 추천하고 싶은 아이디어를 적어주세요.

수료/졸업 후에도 아이들이 지속적으로 성장하고 새로운 환경에 잘 적응할 수 있도록 지원하는 연계 프로그램은 학부모님과 기관이 함께 만들어가는 소중한 과정입니다.

학부모님의 소중한 의견이 프로그램을 더욱 유익하고 의미 있는 시간으로 만드는 데 큰 도움이 됩니다.

많은 관심과 참여 부탁드립니다. 기타 문의 사항이 있으시면 언제든 연락 주십시오. 감사합니다.

○○유치원/어린이집

09 정기/ 수시 부모 상담 관련 주제 및 내용, 소통의 방식 등 의견 조사

안녕하십니까? 유치원/어린이집 원장입니다.

아이들의 성장과 발달을 지원하고 학부모님과의 소통을 강화하기 위해 정기 및 수시 부모 상담의 주제와 소통 방식을 학부모님의 의견에 따라 더 발전시키고자 합니다. 학부모님의 소중한 의견을 바탕으로 상담의 방향과 내용을 구성하오니 많은 관심과 참여 부탁드립니다.

[정기/수시 부모 상담 관련 주제 및 소통 방식 의견 조사 안내]

✓ 조사 목적

정기 및 수시 부모 상담에서 다뤄야 할 주요 주제 파악

부모님이 선호하는 소통 방식 확인

기관과 가정 간 신뢰와 협력을 강화

✓ 조사 항목 및 선택 내용

  1) 상담에서 다루고 싶은 주요 주제

    ① 아이의 발달 상태와 성장 과정

    ② 사회성과 대인 관계 지도

    ③ 학습 흥미와 참여도 향상 방안

    ④ 아이의 생활 습관 및 행동 지도

    ⑤ 기타: (추천 주제 기재)

  2) 선호하는 상담 유형

    ① 정기 상담 (학기별, 분기별)

    ② 필요 시 수시 상담

    ③ 부모 요청에 따른 맞춤 상담

    ④ 기타: (추천 유형 기재)

  3) 선호하는 소통 방식

    ① 대면 상담 (기관 방문)

    ② 전화 상담

    ③ 온라인 상담 (영상 상담)

  4) 상담에서 중요하게 생각하는 요소

    ① 아이의 현재 상태를 정확히 파악하고 전달

    ② 부모의 고민과 요청에 대한 충분한 공감과 해결책 제공

    ③ 전문적이고 체계적인 상담 진행

    ④ 소통의 편리성과 유연성

    ⑤ 기타: (추천 요소 기재)

  5) 추가 의견 및 건의 사항

    상담 내용, 방식, 빈도 등과 관련하여 추천하고 싶은 아이디어나 건의 사항을 자유롭게 적어주세요.

정기 및 수시 부모 상담은 아이의 성장과 발달을 지원하고 기관과 가정이 함께 협력할 수 있는 중요한 기회입니다. 학부모님의 소중한 의견이 상담을 더욱 효과적이고 의미 있게 만드는 데 큰 도움이 됩니다. 많은 관심과 참여 부탁드립니다. 감사합니다.

○○유치원/어린이집

조은쌤 알림장 후기 이벤트 및 추가 PDF 신청 방법

안녕하세요, 조은쌤입니다!

이번 알림장 사례집 원고가 우리 선생님들께 많은 도움이 되길 기대합니다. 현장에서 사용하시기에 종이책이 번거로운 점이 있을 수 있지만, 수시로 들춰보며, 선생님만의 사례나 메모 등을 추가해 적어 나가보시다 보면 더욱 훌륭한 선생님만의 알림장 매뉴얼이 되지 않을까 기대해 봅니다.

알림장 사례집 이벤트 후기에 대해 안내해 드립니다.
지혜쌤카페의 이벤트 게시판에 구매 인증 사진과 함께 여러분의 소중한 후기를 남겨주시면, 추가 사례를 담은 PDF 자료와 특별 선물(AI활용 프롬프트 예제 33가지)를 드리고자 합니다.

이벤트 참여 방법

알림장 사례집 구매 사진 인증 & 후기 글 입력

- 사진은 필수 포함 되어야 합니다.
- 제목에 조은쌤/ 알림장 사례집 단어가 필수 포함되어야 합니다.
- 후기 글은 최소 6줄 이상 성의있게 작성해 주세요.

추가 PDF 신청

- 후기를 남기신 후, 아래의 링크를 통해 자료 신청을 완료해주세요.
  https://forms.gle/1ezCsQ3py7dhnrSv6
- 신청 시, 이메일과 성함을 정확히 입력해주셔야 합니다.
  (매월 2,4주차의 일요일 밤 22시 발송)

궁금하신 사항은 아래 메일주소로 문의해주세요.
문의: [goodeducenter@naver.com]
구매해 주신 모든 분들게 감사의 말씀 전합니다. 감사합니다.

어린이집/유치원/초등학교/놀이학교
알림장 쉽게쓰기 PART2

알림장 사례집 &
공지사항 + 투표
예시 모음집 2
사례272 & 예시120

발행일 2025년 3월 15일

발행처 인성재단(지식오름)

발행인 조순자

편저자 조은쌤 박조은

※ 낙장이나 파본은 교환해 드립니다.

※ 이 책의 무단 전제 또는 복제행위는 저작권법 제136조에 의거하여 처벌을 받게 됩니다.

ISBN 979 - 11 - 94539 - 49 - 0 [2SET]

정 가 33,000원 [2SET]